青田石收藏入门百科

刘道荣　王强◎编著

天津出版传媒集团

百花文艺出版社

图书在版编目（CIP）数据

青田石收藏入门百科 / 刘道荣, 王强编著. -- 天津：
百花文艺出版社, 2025. 1. -- ISBN 978-7-5306-8432-0

Ⅰ. G262.3

中国国家版本馆 CIP 数据核字第 2024804E6A 号

青田石收藏入门百科
QINGTIANSHI SHOUCANG RUMEN BAIKE

刘道荣　王强　编著

出　版　人：薛印胜　　**选题策划**：魏　青
责任编辑：魏　青　　**装帧设计**：郭亚红
出版发行：百花文艺出版社
地址：天津市和平区西康路 35 号　**邮编**：300051
电话传真：+86-22-23332651（发行部）
　　　　　　+86-22-23332656（总编室）
　　　　　　+86-22-23332478（邮购部）

网址：http://www.baihuawenyi.com
印刷：河北鹏润印刷有限公司
开本：710 毫米×1000 毫米　　1/16
字数：218 千字
印张：14
版次：2025 年 1 月第 1 版
印次：2025 年 1 月第 1 次印刷
定价：86.00 元

如有印装质量问题, 请与河北鹏润印刷有限公司联系调换
地址：河北省沧州市肃宁县经济开发区
电话：(0317)7587722
邮编：062365

目　录

第一章
概　况

　　浙江省产出两种珍贵的彩石,一是昌化石(鸡血石),二是青田石。青田石主要产于青田县境内,多赋存于叶蜡石矿体中,主要分布在青田县北山—山口叶蜡石矿田内,代表矿床有山口、周村叶蜡石矿等。青田县在北纬28°08′、东经120°17′处,位于浙江省东南部,瓯江中下游,东接温州,南连瑞安、文成,西临丽水、景宁,北靠缙云。面积2493.3平方千米。青田县属山林丘陵地貌,四面环山。最高处万山海拔600米。境内溪谷纵横,江水秀丽,最为突出的是"一江二石"。一江,指贯穿青田全境的瓯江;二石,指省级著名风景名胜区石门洞和历史悠久、闻名中外的青田石雕。全县山峰连绵,素有"九山半水半分田"之

青田县全貌

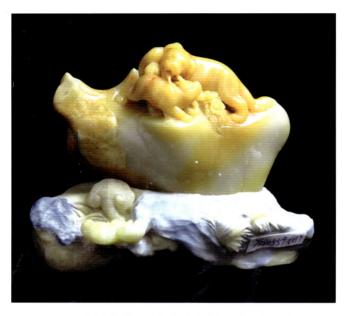

青田金银冻雕件《忠诚义士》（叶碎巧作品）

称，水系发达，瓯江斜贯全境。属中亚热带季风气候区，年平均温度19.5℃，年平均降水量1685.2毫米，气候温和，湿润多雨，四季分明。金丽温高速公路、金温铁路、330国道及瓯江航道贯穿境内，与57、49省道等共同构成辐射周边地区的交通网络，区位优势明显。县政府所在地鹤城镇距浙南中心城市温州仅约50千米，离浙中南丽水市70千米，到省府杭州350千米。

"青田"之名，始见于南朝宋郑缉之《永嘉郡记》："青田县（按：刘宋时青田未建县，'县'字当误）有草，叶似竹，可染碧，名为竹青，此地所丰产，故名青田。"后世地理书也曾记载青田得名之由，如北宋乐史《太平寰宇记》："青田县，本松阳、括苍二邑之地，景云中析置，因青（田）山以为名"；清康熙《青田县志》："青田山，县北一里。旧志：山下有田，产青芝，故名"；清光绪《处州府志》："青田山，县北一里，叶法善栖此学道，田产青芝，故名"；《清史稿·地理志》："青田，简。府东南百五十里。北：青田山，县以此名"。

春秋战国时期，今青田境域属瓯越地。秦统一六国后，置闽中郡，今青田境域在其中。西汉惠帝三年（前192）五月，瓯越首领驺摇因助汉灭秦有功，封为东海王，都东瓯地，世称东瓯王，辖地包括今温、台、处（丽）地区。始元二年（前85），以东瓯地回浦乡建立回浦县。今青田境域在回浦县境内，属会稽郡。东汉初期，改回浦县为章安县。建安八年（203），分章安县南乡建立松阳县，今青田境域是松阳县的一部分，仍属会稽郡。南朝时，今青田境域隶属不变。隋开皇九年（589）废郡，改永嘉郡为处州，分松阳县东乡建立括苍县，今青田境域为括苍县的一部分。开皇十二年（592），处州改称括州。大业三年（607），改括州为永嘉郡。唐武德四年（621），复改永嘉郡为括州。唐睿宗景云二年（711），刺史孔综奏请分括苍县建立青田县，隶属括州。此为青田正式建县之始。大历十四年（779），又改括州为处州，青田县隶属处州。五代、宋，青田县隶属不变。元时，青田县属江浙行中书省处州路。明时，青田县属浙江承宣布政使司处州府。明嘉靖三十五年（1556），知县主持兴建了青田古城，古城全长 3312 米，城高 9 米许，宽约 7 米。下部为巨块花岗石，上部为长 40 厘米、高 10.5 厘米、阔 20 厘米、重 16 千克的特制砖块砌成。顶端遍设

青田石握猪　六朝出土文物

商代玉羽人

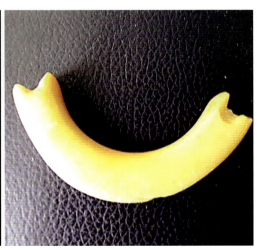

青田石璜　崧泽文化

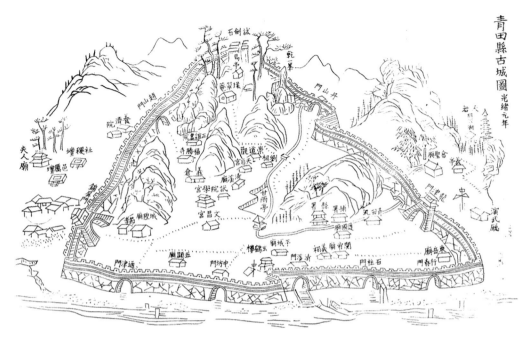

青田县古城图（青田网）

城堞 724 个、炮台 4 座。建筑坚固雄宏,壁垒森严,曾两次防御倭寇侵犯。筑城迄今已有 400 余年,古城面貌依稀可辨。清康熙六年(1667),浙江省设杭嘉湖、宁绍台、金溜严、温处四道。青田县属温处道处州府。宣统三年(1911)十一月,浙江成立军政府,青田县属处州军政分府。

民国三十七年(1948)7 月 1 日,青田县南田区的南田、西坑、峃里、三阳、黄坛、五乡和万源乡一部,划归新建置的文成县。同年 8 月 1 日,永嘉的温溪、贵岙及其他地方划归青田。1961 年 10 月,西峃、上横公社划给永嘉县。这是继明景泰年间青田划出景宁后的又一次规模庞大的区域调整。这次调整使青田最有文化和农业价值的南田等地被划出,而划归的温溪成了青田最有价值的工业重镇, 直接影响到青田现在的发展模式和产业结构。

1949 年 5 月 13 日,青田宣告解放。11 月 4 日,正式建立青田县人民政府。当时全县划分 5 区、1 镇、33 乡和 426 个行政村。青田县原隶属温州专区,1963 年 5 月后,改属丽水专区(1968 年 11 月改丽水地区),迄今未变。

一、历史概况

青田石发现利用的历史十分久远，如何发现的、发现的具体时间无从考证。青田县山口村的《林氏宗谱·谷口图书石记》云："此石之出于何时，宜可以稽而讨之，乃杳不可得，则以吾姓之徙此者犹后，而此石之出已先……唯故老流传云，此山之始曾有两白鹤来栖，飞鸣旬日后而舍去，好事者陟而按之，遂得此石。是山当以鹤山命名，而顾其石为图书印章之用，即名之曰图书山。"还有个流传甚广的故事是相当可信的。相传古时，青田山口村的一位青年农民在山上砍柴时，一不小心将柴刀砍在地面的岩石上，"啪"的一声，劈落了一块石头，青年农民捡起来一看，那石头色彩斑斓很是漂亮。他将那块石头带回家，琢磨成一颗石珠，更显得晶莹剔透、色泽艳丽，挂在女儿的脖子上更是讨人喜欢。乡亲们争相观看，后来都纷纷效仿，上山寻找这种奇妙的石头，做成各式各样的装饰品。这可能就是青田石最初的发现过程。

过去，人们认为青田石问世于六朝（222—589）时期。例如，在浙江博物馆就藏有六朝时青田石雕小猪四只，是当时的墓葬用品。在浙江新昌 19 号南齐墓中，也出土了永明元年（483）的青田石雕小猪两只。线条简练，小猪各种姿态的特征仅用九条阴线表示。这些小石猪虽造型简练粗犷，却记录着 1500 多年前青田石雕的历史踪影。石猪雕刻技法简练、造型古朴、形神兼备，艺术上可见汉、魏风貌。

《浙江日报》2007 年 8 月 8 日报道，有人向青田石雕博物馆捐赠了一块玉石，是一件属于崧泽文化时期的石璜。专家介绍，崧泽文化属新石器时期，它上承马家浜文化，下接良渚文化，是长江下游太湖流域重

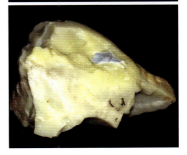

青田竹叶青原石（印石帝国）

要的文化阶段。雕刻大师林如奎认为它出自青田县封门山，现在还可以找到类似这块璜的石料。这件像半个玉璧的璜，长5.9厘米、宽1.2厘米，通体温润，呈淡黄色。这件青田石璜于1999年出土于湖州市千金镇砖窑场。浙江省文物鉴定中心对这块石璜的质地、色泽、器形、工艺诸方面进行了综合分析，认为这块石璜质地属叶蜡石（青田石）类，是崧泽文化早期之器，距今约有6000年历史，是国家三级文物，并出具了文物鉴定书。可见青田石的利用历史非常悠久。

新华社南昌2020年12月7日也曾报道：1989年被发现的江西新干大洋洲遗存，被中外青铜专家誉为"中国长江中下游青铜王国"。人们对大洋洲出土的双面神人青铜头像、伏鸟双尾青铜虎、立鹿耳四足青铜甗或许耳熟能详，却不知道这里其实还有玉——出土了迄今发现最早的玉"羽人"。

馆藏于江西省博物馆的商代活环曲蹲羽人玉佩饰，通高11.5厘米、身高8.7厘米、背脊厚1.4厘米。叶蜡石类质，色呈枣红。羽人造型，作侧身屈臂蹲坐。首如鸟形，圆眼粗眉，长勾鼻作喙状，嘴微微张口，"C"形大耳，顶上扉棱状的高凸冠，顶后部连系三个相套环形成的短链。身亦人亦鸟，体形如人，两臂屈于胸前，拳心朝内，双膝弯曲蹲坐。身体两侧各雕一翼，脊背雕刻层叠的羽纹。

据董洪全先生介绍，河姆渡文化遗址中青田石是迄今发现的最古老的青田石制品了，距今7000年左右。出土器物中有一件蝶形器宽11.3厘米、高8厘米，青白色石料中隐约可见水草状花纹，很似青田尧士水草花石，同时还发现有青田岭头青石打磨的几粒圆珠。马家浜文化遗址也有酷似青田尧士石的千层纹青田石制品。考古还发现崧泽文化遗址、良渚文化遗址中也都有青田石制品出土。在新石器时期，江浙地区的古人选择青田石打磨制品是可以理解的，因为其产出地域较近，就地取材方便，还有就是青田石色泽好看，石质较软，加工制作相对容易。

夏商周也有叶蜡石制品出土，例如，镇江马迹山商周文化遗址中就发现三件石刀、一件石锛和一件石璇是叶蜡石质的，人们认为这些石质工具就是青田石磨制的。上海金山坟商周文化遗址中曾出土一件石镰，这件石制品色泽浅青，两面有刃，通体磨制光滑，石质中隐约显现一些花纹斑点，酷似青田官洪的松花青田石。另外，在上海重固战国墓中也发现两件玉璧，其石质极似青田石。

汉唐宋时期出土的青田石制品较多，例如，上海福泉山西汉墓中就出土了酷似青田旦洪的青白石两件玉蝉，还出土了与青田封门蓝石相似的 27 粒珠子。还在浙江海宁东汉墓中出土了两件与青田岭头黄石相似的石质猪形雕件，长 10 厘米，采用汉八刀雕刻技法，造型简洁粗犷。墓中有块石雕，长 137 厘米、高 31 厘米，色呈灰白色，偶见水泡纹，与典型的青田旦洪的柏子白石相似。浙江东阳南朝墓、新昌 19 号南齐墓等地都有青田石制品出土。二十世纪五十年代，人们还在龙泉双塔内发现一件五代吴越国的青田石雕佛像，白色带微黄，质地较纯净。宋代开始用青田石雕刻各种大型佛像及相关题材的摆件，例如，浙江金华湖镇一座北宋时期的砖塔上的佛龛中就有青田石质的释迦牟尼佛像。宋代还出现一批青田石篆刻和雕刻高手，例如，文同、黄仁俭、郑思肖、王刘九等人，他们极大地推动了青田石文化的传播。唐宋间兴收藏鉴赏印，"古人于图书、书籍皆有印记某人图书，今人遂以其印呼为'图书'"。因古时青田石被大量用于"雕刻图书印记"，所以一直以来青田石被人们称为"图书石"，并将与青田石有关的事物都加以"图书"二字，诸如"图书山""图书岩"等。

元代时占统治地位的元人官吏多不识字，使得印章更加广泛使用，于是元人官吏就在印上刻花押来代替姓名，所以印章也称"押"或"花押"，一些大官的花押需要皇帝特赐才能使用。而青田石、昌化石、寿山石比较容易雕刻，这也促进了当时印石的运用和发展。于是有人说印石是从元人王冕开始的。如清人戴启伟《啸月楼印赏》认为，"青田、寿山、昌化等石，自元人王冕始用之"。更重要的是当时一些文人代表的青田石篆刻艺术的兴起，诸如王冕、赵孟頫、吾丘衍、朱珪等人的篆刻艺术吸引了许多爱好者，掀起了印章的复古风潮，采用的是青田石等材料。青田石的雕刻件也更加广泛出现，有文房器具、宗教用品、饰品饰物等。清代韩锡胙在《滑疑集》中指出，"赵子昂始取吾乡灯光石作印，至明代而石印盛

青田灯光冻（文墨堂虞涛）

行",认为最早用青田灯光冻石制印的是赵孟頫。

明代石质印材已逐步代替金、玉、铜、牙等印材。青田灯光石尤受推崇。明代屠隆在《考槃余事》中记载:"青田石中有莹洁如玉,照之灿若灯辉,谓之灯光石,今顿踊贵,价重于玉,盖取其质雅易刻而笔意得尽也,今亦难得。"明代郎瑛在《七修类稿》中云:"图书古人皆以铜铸,至元末会稽王冕以花乳石刻之,今天下尽崇处州灯明石,果温润可爱也。"明代篆刻印学开山祖师文彭,后期治印皆用青田石。原来文彭所刻之印都是牙章,自己落墨而请南京李文甫刻。自从采用青田石印材后,他就不再做牙章了。在他的推动下,"于是冻石之名,始见于世,艳传四方矣"。与文彭同时代的何震也是著名的篆刻家,当时的"文何流派"对青田石文化传播做出了贡献。

明代篆刻家吴日章认为:"石宜青田,质泽理疏,能以书法行乎其间,不受饰,不碍力,令人忘刀而见笔者,石之从志也,所以可贵也。"从钤印讲,青田石既耐温,又致密,有调和柔熨之优点,吃油附色性能无与伦比,既不吸油过量又能使印油印色均匀,印之特别清晰且久不褪色。明代青田石不仅大量制作印章,还雕刻许多实用品。例如,山口村龙溪庙原有一只用青田石雕刻的香炉,重约100千克,炉上刻有"明景泰壬申年(1452)春立"。1957年,人们曾在山口地界发掘出一块明嘉靖二十二年(1543)的墓志碑,此碑系用山口尧士山的红色花石制成。浙江博物馆藏有一尊明代鱼篮观音,高约20厘米,用青田紫岩雕成。明初时已大量出现青田石雕刻的首饰制品了,周亮工《印人传·书文国博印章后》记述:"盖蜜蜡未出,金陵人类以冻石作花枝叶及小虫蟹,为妇人饰,即买石者亦充此等用,不知为印章也。"

明代学者高濂的《遵生八笺·燕闲清赏笺·论古玉器》记述:"近日吴中巧,模拟汉宋螭玦钩环,用苍黄杂色边皮葱玉,或带淡墨色玉,如式琢成,伪乱古制,每得高值。"这表明明代时期已经出现许多青田石或其他石质雕刻的

清代青田石六面雕刻章(清代吴让之)

前朝玉器仿品,如,玉玦、玉璧等。

清代青田石开采利用达到一个新的高度,青田石篆刻艺术和雕刻技法都有了很大进步。青田石备受印石和雕刻艺术家的推崇,清代著名篆刻家谢坤曾言:"印石,青田县所产称最,寿山次之,昌化又次之。"可见,清代青田石在中国印文化中的重要地位。它是最早被引入篆刻艺术殿堂且应用最广泛的印材。清代历代皇帝不仅喜欢鸡血石、寿山石,也很喜欢青田石。据说,乾隆皇帝收藏的青田石章就达190余方。1765年大臣钱陈群曾进献乾隆两方"和风甘雨""瑞日祥云"青田石章。1785年,一枚文彭篆刻的"光风霁月"青田石章被献给乾隆皇帝作为他75岁的寿礼。1790年,乾隆皇帝80大寿时,也收到以青田石为印材的"宝典福书""元音寿牒"两套印章,乾隆皇帝十分喜爱。这些印章仍完好地保存在北京故宫博物院。清代青田石雕刻技法更加精湛。《青田县志》中有一首《方山采石歌》写道:"方山石,石何奇,巧匠斫山手出之。大者仙佛多威仪,小者杯杓几案施。精者篆刻蟠蛟螭,顽者虎豹熊罴狮。"从中可以看出,当时青田石雕品种繁多,有器皿、仿古器,还有人物、动物等摆件。青田石雕既可做实用器具,也可做陈设观赏品。流传下来的一件乾隆年间的青田石三脚狮球香炉,堪称雕刻佳品。炉腹呈扁圆形,直径20厘米。炉腹三面有形态逼真的荷花浮雕,三脚下端为虎爪状,上端饰以虎面纹。炉腹底部、鼎脚之间有一头立体古狮,脚踩镂空绣球,整个香炉器形端庄、纹饰精美。据说,山口村林家大门台上的一对石雕壁饰,是咸丰年间青田石雕《五福临门》,长40厘米、宽20厘米。上面所雕蕉叶造型完美、线条流畅,叶上浮雕了五只蝙蝠,形态生动,布局合理。

明清以来,优质青田石印材托起了以杭州为中心的最权威、最具国际影响的印学社团——西泠印社。"西泠八家"的印章近70%为青田石印材。近代书画篆刻大师吴昌硕、

咸丰年间的石雕《五福临门》

齐白石、张大千、潘天寿等均钟爱青田石。有篆刻家认为："在真正的篆刻家眼里,青田石必是他的最爱,只有田黄可与之相媲美,老坑青田石质地坚密细致,刻印章是最好的上手材料,也是中国篆刻用石最早之石种,不过真正的老坑青田石已经越来越稀缺了。"

清代初期,青田石雕不仅有印章石,还有工艺品。许多青田石雕刻的工艺品已开始销往国外,这是国内石雕艺术品走出国门的大事件。据传,1864年青田方山人杨灿勋乘船横渡印度洋,经过非洲好望角,将青田石雕产品远销英国。1874年,青田山口村林茂川创新石雕花式品种,向欧洲各国推销,受到国外人士欢迎。同期,山口村著名艺人林茂祥将石雕运至美国旧金山等地推销,也颇受欢迎。青田先人开创了青田石雕走向世界的先河,令人钦佩!据说不到十年,青田石雕销售布满了整个欧洲,最多的时候有四万人在推销青田石。

同时,青田石雕商人还选送一些青田石雕佳品参加国内外展览,对推广宣传青田石雕起到了极大作用。1896年,参加欧洲万国博览会。1899年,法国举办"巴黎赛会",清政府"费国帑十五万两,自建会亭,置赛品"。青田旅法华侨与筹办赛会使团交涉,获准"青田之石货许置会亭叆售"。1905年,二十位青田石雕艺术家和石雕商人,前往美国圣路易参加"世纪万物博览会"。1910年,在南京举办的"南洋劝业会"上,青田石雕荣获银牌奖,使青田石雕闻名全球。1915年,美国举办"巴拿马太平洋博览会",赛会上,青田石雕艺人周芝山的《梅鹤大屏》《瓜盒》《牡丹瓶》等12件作品和金针三的《青田石雕刻小屏风》分别荣获银牌奖章。

据资料记载,1913年,青田东南乡山口、方山、周村等地共有青田石采场十余处,全年产量约12000石,可装10000箱,每箱价格普通30元、中等60元、特等120元,全年总值约70万元。据1933年《中国实业志》记载,当时在青田、温州两地就有石雕工场七八十处,从事雕刻工艺的艺人有两三千人。这一时期,青田石雕产品仍以实用品为主,同时,出现许多既有实用价值又有观赏价值的实用艺术品和部分纯观赏艺术品。

1949年后,青田石雕得到快速发展,石雕从业人员迅速增加,年产值大幅增长,石雕作品远销数十个国家和地区。1956年春,苏联最高苏维埃主席团主席伏罗希洛夫到杭州访问时,浙江省省长将一只青田石雕花瓶和一件石雕人物作品赠送给他。1956年10月,印尼总统苏加诺到杭州,浙江省省长赠送给他一些浙江省名特产和工艺美术品。在二十世纪五十年代后期至六十年代前期,青田石雕的技艺水平达到了一个新的高

小象为美国前总统尼克松访华时礼品

花瓶作为国礼赠苏联领导人伏罗希洛夫　　　　　葡萄山（张仕宽作品）

度,涌现出许多优秀艺人,也创作出一批青田石雕绝世艺术佳作。其端庄的造型和精湛的工艺,蜚声中外,被人们赞誉为"在石头上绣花"。著名石雕艺术家张仕宽的《葡萄山》,对当代青田石雕的创作影响巨大。这是一块五彩冻石雕刻的一座玲珑剔透的葡萄山,山岩上藤蔓缠绕,叶片茂密,那一串串圆润晶莹的葡萄,惟妙惟肖;山间的几只小松鼠,妙趣横生。随后,一批青田石雕佳品不断涌现,例如,金精一的《梅桩瓶》、吴如乾的《牡丹瓶》、杨楚照的《酣睡》和大型作品《吴越王射潮》《西湖全景》也都深受好评。林如奎的《高梁》《冰梅》是继《葡萄山》之后的艺术珍品。1964年5月，郭沫若到青田参观石雕工厂，面对琳琅满目的石雕作品，挥毫写诗，热情赞扬青田石雕艺人"斧凿夺神鬼，人巧胜天然"。1972年美国总统尼克松访华特约赶制了500只小象携带回国。

在历届全国评比中，青田石雕赢得了很高声誉。1982年5月，在江苏连云港召开"全国贝雕画、石雕产品质量评比大会"上，青田石雕厂的批量产品荣获全国第一名。石雕作品《高梁》《春》《秋》《葡萄山》《江南春》《花果篮》获优秀作品奖。

1992年12月25日，国家邮电部发行青田石雕邮票一套四枚：《春》（面值10分）、《高梁》（面值20分）、《丰收》（面值40分）、《花好月圆》（面值2元），石雕作者分别为周百琦、林如奎、张爱廷、倪东方等工艺大师。当日，青田举行青田石雕邮票首发式与首届青田石雕文化节，进一步提高了青田石雕的影响力和美誉度。

1992年发行的青田石雕邮票

2011年9月28日上午，"中国石文化之都"命名大会在华侨广场隆重举行。中国轻工业联合会、中国工艺美术协会联合将"中国石文化之都"授予青田县。自此，素有"石雕之乡""华侨之乡""名人之乡"之称的青田县又添一块厚重的金字招牌——"中国石文化之都"，青田由"石雕之乡"华美转身为"中国石文化之都"，极大提高了青田的知名度和旅游竞争力。

1990年8月，夏法起编著的《青田石雕志》由香港书谱出版社出版。同年10月，新编《青田县志》由浙江人民出版社出版发行。青田石雕界著名艺人周芝山、张仕宽二人的传略及金精一、吴如乾、周百琦三人的简介被载入志书。1994年5月，周百琦、张澄之编著的《青田石雕技法》由浙江科学技术出版社出版发行。1997年7月，夏法起的专著《青田石全书》由上海书店出版社出版发行。2009年5月，郑伟编著的《青田石鉴赏与投资》由海潮摄影艺术出版社出版发行。2011年2月，董洪全专著《青田石鉴赏新编》由湖南美术出版社出版发行。2015年3月，《鉴石天下》编委会编的《行家这样鉴赏青田石》由青岛出版社出版发行。这些图书的出版对宣传推广青田石起到了积极作用。还有许多地质学科技工作者对青田石进行了大量的矿床学、矿物学、岩石学和宝石学等方面研究，发表了一些高质量的专业报告和论文，取得了丰硕成果，为青田石开发利用提供了强有力的科学技术支持。

1999年8月，青田县县政府组团赴京参加中国宝玉石协会主办的"国石定名学术研讨会"，据"排名不分先后，以笔画为序"的原则，研讨会上推选寿山石、昌化石、和田玉、青田石、岫岩玉、独山玉为"国石候选石"。2001年9月，中国宝玉石协会在北京举办第三次"候选国石精品展评会"及研讨会。在展评中，青田石雕精品获奖数量位居榜首。在中国宝玉石协会上报的"国石评选报告"中评出"两玉四石"为候选国石。

如今，青田有3万多人从事石雕生产和经销。石雕及相关行业年产值超过20亿元，青田县先后被命名为"中国民间艺术之乡""中国石雕之乡"等。一条以青田石为载体的文化产业链条逐渐形成。青田石雕工业园区将石雕户集中加工生产，形成中国最大的石雕加工产业集群；青田石雕博物馆是国内首个集收藏、展示和研究石雕艺术的标志性建筑；青田石雕艺术学校成为全国首个免费石雕艺术类学校，为行业培养、输送专业石雕人才；西泠印社青田印学研究基地和石文化研究机构打造出一批丰厚的石文化研究成果。

二、名人与青田石

相传，宋皇族后裔、元代的著名文人赵孟頫去拜访时任浙江提举的堂兄弟赵孟至，见到堂弟，赵孟至非常高兴。进了书房，赵孟頫就被墙壁上挂着的一幅行草书法吸引了，不时发出赞叹。赵孟至说："这是我刚写好的应酬之作，请贤弟赐教。"赵孟頫拿起一枚印章说道:"堂兄的书法甚佳,但落款下的印章却欠古雅。"随后又说,"时下书法家所用之图书印章,有的仿制鼎壶爵之形,以求新奇;有的用水月花鸟之象,一味取巧。能如汉魏之印,典型质朴者实在太少了。""是呀,这些金玉印质坚硬,自己不能随意刻制,得请工匠来刻,又有何法呢?"赵孟𫖮答道。"听爷爷说,他曾居住过的青田出产图书石,那里的民间常用此石刻印,不知是真是假?"赵孟𫖮问道。赵孟至突然想起了什么,转身从房间里找出一个小木箱,对赵孟𫖮说:"这是爷爷留下来的十几方青田灯光冻,此石是图书石中的精品,今天若不是贤弟说起,我还真把它忘了。你爱好篆刻,就送给你吧!"赵孟𫖮如获至宝,非常高兴。回湖州后,赵孟𫖮就开始以青田"灯光冻"制印,并悉心研究印学,从而成为我国最早用石刻印的文人篆刻家。

刘基(1311—1375),字伯温,谥号文成,浙江青田人。《明史》称其"博通经史,于书无不窥,尤精象纬之学",他辅佐朱元璋统一了中国,成为明朝的开国元勋。

刘基对青田石极其喜爱,常以青田石性自勉:"吾心似青田之石,坚刚而不屈,温润而泽,廉而不刿,折而不挠,扣之,其声清扬而远闻,其止辍然。"他不居高功,淡泊名利,视荣华富贵如浮云,一世积蓄,唯几箱青田石。刘基与当时文人墨客甚有来往,与王冕早有所交。传说明朝年间,刘基和大画家王冕二人虽都久慕其名,但一直没有见过面。一个偶然的机会,刘基来到九里山王冕的居所。刘基看到王冕后,深深地鞠了一躬道:"学生刘基,久闻先生大名,恨不能相见,今有幸来绍兴,特来拜访。"王冕早闻刘基大名,知道他才学渊博,两人一见如故。谈论间,王冕把自己写的《竹斋诗集》拿出来请刘基作序。刘基连称"不敢",但最终还是接受了王冕的请求。在为王冕《竹斋诗集》所作的序文中,刘基称"予在杭时,闻会稽王元章善为诗,士大夫之工诗者多称道之,恨不能识也。至正甲午,盗起瓯括间,予避地至会稽,始得尽观元章所为诗……因大敬焉"。离别时,刘基拿出几方青田石章敬送给王冕,道:"晚生知道先生喜欢刻章,今特带来家乡的图书石送给先生,请笑纳。"王冕一见是青田图书石,如获至宝,说:"青田图书石质地温润脆软,易于受刀,在我刻过的花乳石中是最佳的印材。"为了感谢刘基千里赠石,王冕还特地到绍兴刘基的住处回访,并亲书《题青田山房》诗一首回赠刘基。此诗曰:"青田刘处士,潇洒好山房。夜月移花磴,春云动石床。书声通远谷,琴响应清商。我欲相依住,临流筑草堂。"

明代篆刻大家,文彭(1498—1573)世称"印石鼻祖",字寿承,号三桥,长洲(今苏州)

人，文徵明长子，以明经廷试第一，仕为国子监博士，幼承家学，长于诗、书、画、印。因偶遇青田石而创造了中国篆刻史上的一项奇迹。《印人传》卷一《书文国博印章后》记载：余闻国博在南监时，肩一小舆（乘一软轿），过西虹桥，见一蹇卫（蹇意驽钝，卫指驴子）驮两筐石，老髯复肩两筐随其后，与市肆互诟（辱骂，这里指争执不休）。公（文彭）询之，（老髯）曰："此家允我买石，石从江上来，蹇卫与负者须少力资，乃固不与，遂惊公。"

刘基祠及刘基塑像

公睨视久之，曰："勿争，我与尔值，且倍力资。"公遂得四筐石，解之，即今所谓灯光（冻石）也，下者亦近所称老坑。时祇中为南司马，过公，见石累累，心喜之。先是，公所为印皆牙章，自落墨而命金陵人李文甫镌文。李善雕扇箍边，其所镌花卉，皆玲珑有致。公以印属之，辄能不失公笔意。故公牙章半出李手。自得石后，乃不复作牙章。祇中乃索其石满百去。半以属公，半浼公落墨，而使何主臣镌之。于是，冻石之名始见于世，艳传四方矣。《印人传》又评："论印之一道，自国博开之，后人奉为金科玉律。"故今人称之为"印石鼻祖"。文彭以后，篆刻家皆"贱金玉而贵石"，于是青田印石一时风行。

明代著名篆刻家何震与著名将领戚继光也有一段趣闻。当年戚继光正在蓟州、昌平和保定一带练兵。何震前去探望，谈话间，知道何震不是来找官做，只是希望靠刻印的技艺得点润笔。为此，戚继光专门备了酒席，邀请了一些宾客来聚会叙谈。酒过三巡，戚继光郑重向来宾介绍何震。何震不仅给大家展示了几方青田冻石，还将自己刻的印章给大家看。看到这些温润如玉的冻石和篆刻的印章，宾客们都赞叹不已。随后，求何震刻印的便接踵而来。将军们喜爱何震的篆刻作品,都愿意以丰厚的报酬,求得合意的印章。从此,何震走遍了北方边塞。在此期间,他创出了以单刀刻边款之法,开创一代风气。

乾隆五十五年(1790)八月十三日,是乾隆皇帝的80岁万寿节。为了准备寿礼,王公百官可谓绞尽脑汁,搜罗珍宝以争得乾隆帝的欢心。万寿节庆典特别隆重,乾隆接受满朝文武百官的叩拜和各种寿礼。在琳琅满目的奇异珍宝中,使乾隆帝备感兴趣的是纪晓岚的祝寿诗以及和珅、金简、胡季堂敬献的"元音寿牒"和"宝典福书"两套青田石印章。

金简、和珅收集了乾隆御制诗文中有"福""寿"字样的句子,令苏州织造精心镌制了"宝典福书""元音寿牒"两套青田石印章,每套各60枚,分上下两层装在紫檀木雕的宝匣内,作为乾隆皇帝的寿礼。"元音寿牒"和"宝典福书"印章及胡季堂的缂丝《元音寿牒》册、《宝典福书》册,寿牒牌匾均是朱、白印搭配,随形章相辅,深得乾隆的喜爱。

乾隆年间,杭州崛起以开山鼻祖丁敬为首的印刻浙派即西泠派,以其峭古而博大的清新印风确立印坛盟主地位。丁敬认为,青田石"久而愈妙"。西泠八家之一的黄易则认为:"吾浙产石,青田较胜昌化,谓其柔润脱砂,仿秦汉各法,奏刀易于得心应手,青田有五色,惟红色尤为罕睹……"而西泠印社首任社长、篆刻大师吴昌硕自用之印多是青田石,他在自用的"安吉吴俊昌石"边款中记:"旧青田石,贵如拱璧。六字工整,刻重其质也。"时任西泠印社副社长韩天衡,在其《我所认识的青田石》一文中,明确指出"毋论其质地冻或非冻,石性皆清纯无滓,坚刚清润,柔润脱砂,最适于受刀听命,最宜于宣泄刻家灵性。因此青田石是印人最中意和最信赖的首选印石,古来第一流印人无不乐于选用青田石奏刀即是一大明证"。

传说,号称"扬州八怪"之一的郑板桥辞职回家,靠写字卖画过起了清闲日子。一天,郑板桥闲来无事,前往朋友高凤翰处。他在街头看见一青年石商手中拿着一块黄石正在与人讨价还价。郑板桥上前仔细观看,发现是一块上好的青田冻石。郑板桥爱不释手,就对青年石商说:"你俩不必再多说了,开个价我买了!"可他一摸衣袋没带钱,于是对石商说:"请随我到府上去取银。"围观的人对石商说:"他便是扬州有名的郑板桥先生,你这石头可算是遇到主人了。"青年石商一听是郑板桥,连忙施礼道:"我是浙江青田人,久闻先生大名,今日有幸相识,实是有缘,既然先生喜爱这方青田石章,就做个人

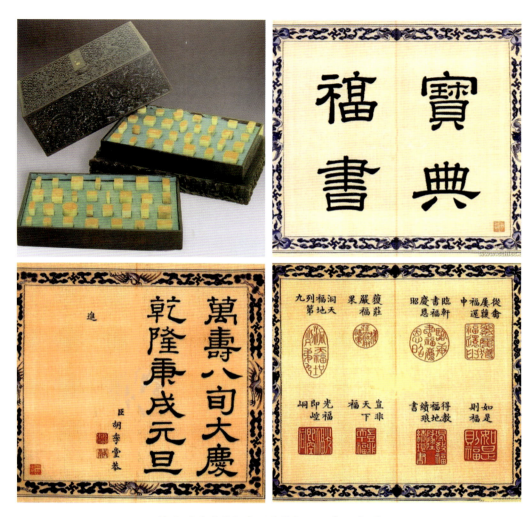

乾隆的寿礼"宝典福书"青田石章及印谱

情,送与先生留作纪念。"郑板桥一听连忙拱手称谢,最终作为交换,郑板桥把自己的画作《竹石图》送给了青年石商,从此,两个人成了至交好友。郑板桥得此青田冻石后,便兴致勃勃来到高凤翰家,高凤翰也是扬州一怪,诗书、画、印样样俱绝,一见此石如获至宝。于是郑板桥拟稿落墨,高凤翰捉刀篆刻,把印章的六个面都分别用朱文和白文刻上印文:印面一为"四五百竿竹,两三千卷书",印面二为"宅从栽竹贵,家为买书贫",印面三为"黄绢幼妇,外孙齑臼",印面四为"畏人嫌我真",印面五为"少可多否",印面六为"聊

吴昌硕的青田石印章"归仁里民"

吴昌硕71岁刻青田石印章"半日邨"

以自娱"。刻好印章后，郑板桥还觉得意犹未尽，便挥毫泼墨，作了一首名为《题青田石》的诗："小印青田寸许长，抄书留得旧文章。纵然面上三分似，岂有胸中百卷藏。"

吴昌硕大师与青田石可谓关系密切，吴昌硕曾刻了一方"归仁里民"的印章，边款："归仁，吾部吴邨里名，亦里仁为美之意。壬午冬，昌石记。"表达他对湖州故里的难舍之情。吴昌硕篆刻作品中所使用的青田石章料并不少见。《缶庐印存初集》曾记录：在吴昌硕36岁时，寓居在吴兴金俯将家中，恰有商人持青田石出售，金俯将买了下来并赠送给了吴昌硕。吴昌硕43岁时，他刻了一方"安吉吴俊昌石"的白文印，款识为："旧青田石，贵如拱璧。六字工整，刻重其质也。丙戌春日，缶记。"说明当时的旧青田石价格较高，甚至"贵如拱璧"。"归仁里民"一印尚属吴昌硕早年风格，宽博稳健似有汉印之风，刀法上取法浙派一路，线条浑厚，整体又磅礴大气。

翻阅吴昌硕篆刻集，发现还有一方"半日邨"的印章，用料仍是青田石，"邨"即"村"。"半日邨"一印为朱文印，是吴昌硕"以书入印"的典型之作。线条苍茫老辣，每字的结体多从金石碑刻中来。这方印章的边款："孝丰部吴邨，一名半日邨。甲寅秋，老缶。"这里的半日邨指的就是吴昌硕的家乡安吉部吴村。甲寅年是1914年，此时吴昌硕已是71岁的古稀老人，已从苏州搬迁至上海。

相传，曹雪芹为写《红楼梦》，游遍了全国的名山大川，这一年，他来到浙南，便特地赶到"荒山"青田，他看了数以千计的石雕精品，使他惊叹不已。他走访了许多艺人，听到了许多有关青田石的神奇传说，曹雪芹心中若有所悟，便提笔写下了《自题画石》的诗句："爱此一拳石，玲珑出自然；溯源应

青田石雕博物馆和郭沫若题词匾

太古，坠世是何年？有志纳完璞，无缘去补天；不求邀众赏，潇洒作顽仙。"曹雪芹根据青田石的民间神话传说，很快为《红楼梦》撰写了缘起。书中开头的那首诗和"通灵宝玉"的出现，就是从青田广为流传的"青田石与女娲补天"的民间传说移用过来的，而男主人公"贾宝玉"的名字，也来自青田石这一"假宝玉"。

大文豪郭沫若也对青田石青睐有加。一个偶然的机会，他因视察温州，忽然想起了青田石雕，于是便想顺路看看青田县的石雕。青田县政府热情接待郭沫若先生，郭老兴致勃勃参观了青田石雕厂。青田石雕厂陈列厅展品琳琅满目，青田石雕件件犹如蜡塑玉琢，玲珑剔透，雕刻技艺精湛，这令郭老诗兴大发，他即兴挥毫写道："青田有奇石，寿山足比肩。匪独青如玉，五彩竞相宣……"由此诞生了这首28行，共140字赞誉青田石雕的长诗。郭老也为青田留下了珍贵的墨宝。

第二章
青田石矿产分布状况

据资料记载,我国叶蜡石矿产资源总量居世界第三位。已探明的储量中,以高、中铝级叶蜡石为主,占总储量的75%左右。叶蜡石矿石类型较齐全,有的矿石类型(如叶蜡石—迪开石、叶蜡石—迪开石—珍珠陶石等类型)为我国所特有。青田石就是叶蜡石中的达到工艺雕刻水准的彩石。

目前,全国已知叶蜡石矿产地100多处,其中矿床16处,矿点70多处。已探明的大型矿床5处,中型矿床3处。福建省、浙江省是我国叶蜡石矿产储量最多的省(分别占全国探明储量的56%和31%),其余的分布在北京、内蒙古、吉林、广东等地。

青田石矿主要分布在浙江省东南部地区中生代火山岩区域,其构造位置处于新华夏系第二隆起带,由于燕山运动强烈影响,区内构造变动频繁,导致该区晚侏罗世及白垩世中酸性火山岩的广泛分布,为该地区叶蜡石形成提供了必要条件。青田石是叶蜡石中可以用作石雕艺术创作的优质品种,俗称图书石或雕刻石,据称,仅占叶蜡石总量的万分之五左右。青田石的主要矿点有:山口区域的山口、方山、塘古、山炮等处;北山区域

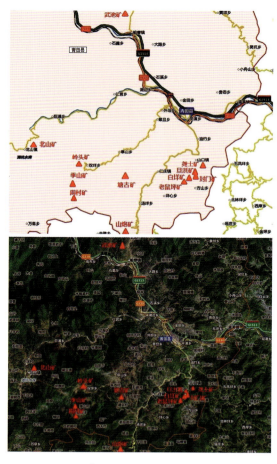

青田石矿区示意图

的白岩、岭头、季山、周村、石门头等处；石山区域的下堡；另外还有武池等地。据地质测探，青田地区可供开采的叶蜡石储量约有 6600 万吨。青田石矿床以山口—方山一带的山口叶蜡石矿区最大。该矿区位于浙东沿海中生代火山喷发带中部，北山—山口火山洼地中，山口—油竹南北向断裂带通向矿区，呈北东—南西向展布，全长 6000 米。

该矿区自北向南分布了尧士、旦洪、封门、白垟、老鼠坪五个主要矿化带。根据矿化带的分布，可划分尧士、封门和白垟、老鼠坪三个矿化带。

尧士矿化带位于矿区最北端，尧士矿化带在青田山口之东约 1500 米处，灵溪右侧，尧士旧称二都，清乾隆《青田县志》记有："青田二都有图书洞，青田图书石在此。"尧士矿化带应该是明清时期的主要采矿地区。1957 年，在山口出土过

山口青田石矿区

青田山口及封门矿山

一块用尧士石雕刻成的清嘉庆二十二年（1817）的墓志碑。可见，尧士山是当时青田石的主要产区。民国时期，称尧士山一带为"岩垄"。有资料介绍："山口岩垄近年白石最多，紫石次之。白石色微黄，紫岩暗紫，皆细洁纯滑。尚有色红而兼微黄，内含蓝钉，质粗不适刀者。岩垄为近来产印章石最多之地。"1949 年以后，成立了尧士工区，所产多为紫色花杂，质地

青田尧士矿区

稍粗。二十世纪七十年代，青田一位名叫叶南光的农民在外头山山腰发现了一些含杂质少的尧士冻石，包括南光青、蓝花青、金玉冻等。后来，人们称这个矿洞为"南光洞"。尧士矿化带呈似层状，向南西倾斜。矿化较好地段位于矿化带中段。走向长 500 米，宽 150~250 米，倾向西，倾角 10°~20°。矿体呈层状，分上下两层，产于矿化带中。

封门和白垟矿化带包括旦洪（官洪）、吉底洪，矿化带从吉底洪至白垟，长达 2500 米，宽约 200~400 米。地表在封门和白垟之间，有 600 米未见矿化带，而根据矿山生产平巷和深部钻孔资料，该矿段的矿化是连续的，呈似层状，是规模最大的一个，倾向西北，倾角 10°~15°，矿化带的厚度一般为 40~60 米，最厚度为 110 米，最小厚度为 10 米。封

青田封门和旦洪青田石矿区

青田旦洪(官洪)底矿

门,又名"抬轿岩"或"沙帽岩"。该岩位于山口以西2500米处,矿区山势较为陡峭。据传说,旧时有10位石工在山上苦熬一年,采到一窝冻石。官家知道这件事情后,命令石工为其开采。但石工不从,官家就将其中的9人封闭在洞中。后人就把此矿洞称为"封门洞"。清乾隆以后,一般印学著作及印人,都称之为"封门"。1949年以后,此地建立成工区,其矿产极为丰富。1958年,叶蜡石矿把封门改为"丰门"。

封门洞的开采具有悠久的历史。据清光绪《青田县志》载:"枫门(封门)洞在县东二十五里,岩穴深广,可容百余人,出冻石温润如玉。中有五塘,其水冬夏不竭,莫知其源,听之泠然有声,石产塘中者尤佳,土人呼为五塘冻石云。"可见,封门矿化带也应该是明清时期的主要采矿地区。

旦洪(也称官洪)矿化带靠近灵溪的左侧,举目可望,且位于山口以南1500米处。旦洪和封门原为同一个矿化带,后被北东向断裂破坏,造成旦洪矿化带比封门矿化带高出50余米。据《林氏宗谱〈谷口图书记〉》载:"上自鲤鱼奇崖壁中,为先朝官府所开,为官洪洞,其石最美。前面溪旁从白坭中按气而求,开成新洞,新旧相错,采出白石,质不甚坚顽,除锯为印章外,可以琢杂物者在此。"从中看出,此处原名"官洪"。在元代青田官洪洞就在开采印章石,不但品类丰富,而且石质很好。据记载:"自龙潭头在后一山,系杂岩中开出,其色紫白相间,名紫檀洪……有为坟垄脉荫所关,曾其子孙宰猪而禁,即禁猪洪。

白垟矿区

又进而有色带嫩青者,为头青洞。"可见,旧时邻近地域还有数洞采石。因这一带青田石开采历史悠久,规模较大,常有大批"烂岩"(叶蜡石废料)堆在矿洞前,需要搬运清理,俗称"担洪"。显然,"旦洪"之名来自"担洪"。后叶蜡石矿就在这里建立了旦洪矿场。旦洪矿场不但范围较广,而且新旧矿洞多,产量极高,除产出鱼冻、灯光冻、青白石等石外,还有五彩冻、官洪冻、蜜蜡冻等名石。

白垟矿化带位于青田方山乡,山口之南约6000米处。据冒广生《疚斋小品三种·青田石考》载:"旧有土人采石,耗资无算,祷于神,假寐,梦白羊,而得此坑,故以白羊名。"白垟矿化带呈透镜体状,带长约400米。主要矿洞有杉木降、大洞、坑儿洞等。主要矿洞的西面山冈上有成片的杉木名为杉树降。南面为旧时巨大矿洞,洞内积有泉水,人称水洞或大洞。北面有一些小坑,人称坑儿洞。白垟山南的茅干湾也有人在开采。茅干湾有矿洞大大小小十余处,主要有冻洞、绳缕

白垟青田石矿区

洞等,还有半腰洞和巨石下的大岩下等矿洞。现在这里建成了白垟工区,是青田主要的叶蜡石矿区之一。

老鼠坪矿段老鼠坪矿化带位于矿区最西南端,在青田方山乡根头村西约三四千米处的群山之中,因旧时山中开采青田石的"老鼠洞"较多而得名。1956年,山口叶蜡石矿在此设立老鼠坪工区,并由根头村村民一直开采,目前仍有采石者数十人,主要开采叶蜡石。老鼠坪的雕刻石,色彩丰富,石质结实少裂,而且光泽好。该矿区所产出的石头和

白垟青田石矿区

山口其他矿区的颇为相近，此外，还产有青白石、黄皮、黄青田、蓝钉、蓝星、蓝带、紫檀花等很多较有特色的石料。老鼠坪矿化带呈似层状，长300~400米，宽30~40米，厚20~30米，走向近东西向，倾角近水平，矿化带被断裂切成三块，矿体产于矿化带中。根据地质资料，山口叶蜡石矿为中到大型矿，矿石质量较好，是工艺雕刻、陶瓷耐火材料的理想原料产地。

塘古位于县城东南2.5万米处，属于山口区吴岸乡，地处半山腰的山弯里。早年此地有一池塘，村民居于塘边，"塘古"由此而来。村后山就是雕刻石的产地。冒广生的《青田石考》："塘头岭所产石，土人呼为塘古，其石以全青全黄者为最，青者如封门青，黄者如田黄，而稍见底，性细滑软腻，多光而莹，无硬钉，最宜作印。"近年来，有数十几个矿洞在采石，到此购石的多是山口一带的人。这里的青田石，其色彩、质地与山口一带所产的相似。

山炮矿位于青田最南端，距乡驻地汤垟西南5400米左右，属于山口区汤蚌乡，地处海拔800米高山背上。因这里山头形状似泡而得名"山泡"，后来人们又称其为"山炮"。

青田山炮绿矿区

该矿多产出如翡翠颜色的石头,艳丽漂亮。但其肌理间隐见有无数的白色麻点,质细微冻,性坚脆多裂。以纯净者较为难得。

双垟矿点位于双垟至坑口黏土化(包括高岭土化)、叶蜡石化、黄铁矿化的北西向蚀变带上。矿体位于北东向断裂中,两侧围岩为叶蜡石化流纹质熔岩结凝灰岩。矿体呈脉状和透镜状,矿石主要由叶蜡石组成。该矿储量丰富,分布面广,产出不少优质雕刻石。

季山矿位于夏家地西南面3500米处,距县城2.5万米,属北山区双垟乡。这里地处山谷,四面环山。以紫色凝灰岩的季山石居多,流纹岩的比较少见。矿区范围广阔,主要有周村的龙顶尖矿、季山的季山头矿和门前山矿。据记载,季山头产出红、黄两种雕刻石,黄的质量较佳。门前山多产红色或带有红带花纹的雕刻石,质地较差。龙顶尖产黄、白两种雕刻石,且冻石产出较多,石质均佳。现在仍有零星开采,但规模较小。该矿区有丰富的叶蜡石蕴藏量,石质甚好。随着交通便利,必将扩大开发。

岭头矿位于青田县城西南2.5万米处,也属北山区双垟乡。该矿因位于仁村岭的顶部而得名。据说早在清代之前此山就已经被开采,民国时期称"寺院址坪石",目前的开采规模较大。山上主要有山羊洞、南黄洞、水洞、三条洞、耳朵腮洞等数十个矿洞,开采人数达数十人。岭头石上有十分明显的"缯"(如木纤维),雕刻要顺岭头石的"绺"进行,否则不好雕刻而易裂。岭头石含有较多的水分,开采出洞后必须遮光避风,慢慢阴干,时间越久石性就越稳定。以水洞所产的石头较好,色质俱佳。

北山位于县城西南面2.65万米处,现在位于一座水库旁边。村西隔溪矗立有一座白色大山崖,人称"白岩"。产叶蜡石和高岭土矿区位于东南山冈上,并有少量的雕刻石。这里的青田北山晶比较有名。

武池青田石矿位置特殊,处在瓯江左岸,没分布在青田主要叶蜡石矿带上,而是位于县城西北3万米处,因村南的文武庙前有一池塘故得名。武池原分为上、中、下三堡。雕刻石主要产在下堡西南3000米的饭甑山上。冒广生的《青田石考》有载:"武池似寿山而次,有红白两种,红者如朱砂,白者如蜡,唯铁皮色杂不净,性尚软腻。"武池青田石与瓯江右岸青田石相比外观不同,常见黑皮外表,石质多筋裂,与寿山石相像。

在清代,青田石矿的开采已具相当规模,其中封门洞"岩穴深广,可容百余人"。其他矿洞多为"老鼠洞",开采甚为艰难。据当时记载,先是矿工寻得矿脉凿破岩皮,而后逐层掘深。洞口高六七尺,洞内大小三四尺,曲直无定。矿洞需用杂木支撑。每挖一洞,需10人左右,手持蜡烛照明。往往是一人在前挖掘,其余的人在后传递,得有石料,抱而伏行,辗转而出。矿工开采只凭经验,往往有外见脉线,而中无石料,甚或连开数洞而前功尽弃。清徐鹤龄在《方山采石歌》中惊叹道:"崖倾壁圮悔莫追,人生衣食真难危。石兮石兮知此意,金玉还与石同弃。"由于矿工劳作艰苦而危险,他们都敬奉"佛田山祖老爷"。进矿洞前,不能敲打工具,以免惊扰"山神"。在洞内不准捕打老鼠、青蛙等动物,以免受

青田矿区采石洞：左，古时矿洞；右，现代矿洞

惩罚。每月都要进行祭祀。同时讲话也有很多忌讳，要用吉利语、隐话。例如，把进洞称"进财"，吃饭称"光锅"，吃肉叫"硬老"，喝酒叫"三点"，蜡烛称"白干"，回家称"扳草鞋"，等等。

据1929年的调查，青田全县开采场所共有14处，尤以东南乡山口村、方山村和周村最有名。当时仅有矿工80余人。采出之石挑至山口，售与雕刻工人。据称当时全年产量约12000担。1936年，有资料记载，当时全县有青田石产区及开采场所10余处。二十世纪五十年代以后，建立了蜡石矿，购置机械设备，修筑公路，减轻了工人劳动强度，增加了开采量。从过去以开采雕刻用青田石为主转向以开采工业用叶蜡石为主。1956年10月，正式建立地方国营青田县蜡石矿。矿上职工猛增至800人。1980年矿山工人475人。青田蜡石矿建立后，工业叶蜡石的产量增长很快，雕刻石的产量却有所下降，从600多吨降到约50吨。但当时仍有私人一直采用旧法进行开采，采石者达数百人，年产雕刻石数百吨。近年来，政府为保护环境和资源，已经明令禁止乱挖乱采，取得很好效果。

第三章
青田石地质特征及成因

一、地质概况

有资料介绍,青田石矿属中国东部环太平洋陆缘岩浆弧的叶蜡石矿床的三个矿带之一,即浙闽粤东部叶蜡石矿带,叶蜡石沿北北东向的宁波——潮安火山构造带分布。这类矿床主要集中在中生代火山岩带的火山喷发盆地、火山喷发凹陷和破火山口等火山构造中。中国东部的成矿主岩以晚侏罗世和早白垩世的酸性(流纹质)——中酸性(英安质)火山岩建造为特征,包括晶屑、玻屑或含砾火山碎屑岩、凝灰岩、火山碎屑岩、熔结凝灰岩、火山斑岩和熔岩及火山碎屑沉积岩。叶蜡石矿体多为层状、透镜状及脉状,矿石为残余(变余)凝灰状、显微鳞片变晶结构,斑状、条纹状、斑点状、脉状、块状构造。矿石一般为叶蜡石型、高岭石——叶蜡石型及绢云母——叶蜡石型,其他还有硬水铝石——叶蜡石型和多组分的矿石类型。矿床为热液交代蚀变围岩的产物。围岩蚀变有叶蜡石化、硬水铝石化、高岭石化、硅化、绢云母化等。呈明显的分带现象,自下而上为硫化物带、明矾石、硬水铝石、叶蜡石、高岭石、绢云母和硅石。

董传万等人研究认为,青田地区处于中生代的活动大陆边缘。区内广泛出露早白垩世火山岩地层及燕山晚期花岗质岩体。浙东南中生代火山活动可分两个旋回,青田地区出露的火山岩主要是第一旋回火山活动的产物,火山岩年龄122~116百万年。其岩性主要包括流纹质熔结凝灰岩、晶屑凝灰岩(西山头组),流纹质晶屑玻屑凝灰岩(茶湾组),流纹岩、球粒流纹岩、石泡流纹岩(九里坪组)等。青田地区出露的侵入岩,主要有海溪、青田、黄言潭、烊心、石前、石平川等岩体,规模都不大,最大的只有60平方千米,一般在30~40平方千米,均属花岗岩类,细分有石英闪长岩、二长花岗岩、黑云母花岗岩、花岗闪长岩、碱性花岗岩、花岗斑岩等。它们的产状不同,石英闪长岩常以大小不等的包体形式出现在花岗闪长岩和黑云母花岗岩体中。花岗斑岩常呈岩株或岩墙状产出。而

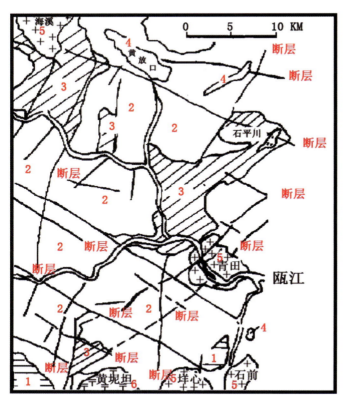

青田地区区域地质简图(引自董传万等人)

1.九里坪组流纹岩;2.茶湾组凝灰岩等;3.西山头组熔结凝灰岩等;4.次流纹岩;5.黑云母花岗岩等;6.碱性和钾长花岗岩

花岗闪长岩和黑云母花岗岩为独立岩体。碱性花岗岩呈小岩株状侵入于青田黑云母花岗岩中,它们是燕山晚期岩浆侵入活动的产物。本地区还有大量的次火山岩出露,如山口尧士的次流纹岩,大田丘、黄放口等地的次流纹岩等,它们以小岩颈或岩脉产出。

青田地区的火山岩(包括次火山岩)以流纹质为主,基本属铝过饱和系列。区内花岗岩类按岩石化学特征可分钙碱性或铝过饱和与碱过饱和两个系列。前者包括黑云母花岗岩、花岗闪长岩、花岗斑岩等,占侵入岩类的96%。后者为青田碱性花岗岩。青田火山岩、石英闪长岩、黑云母花岗岩、花岗斑岩属碱性—钙碱性岩,碱性花岗岩有富碱的特点。区内钙碱性花岗岩类可归为大陆弧花岗岩区,结合青田地区处于活动大陆边缘这一事实,可确定它们形成于大陆弧的构造环境。青田碱性花岗岩的形成与大陆地壳裂谷化有关。裂谷作用过程包括地壳抬升—裂谷地堑的形成—大洋盆地的形成三个发展阶段。镇海—温州深断裂是活动大陆边缘上具有裂谷特征的深断裂。浙东南沿海碱性花岗岩带(包括青田碱性花岗岩)正是形成于这种"类裂谷"的拉张环境。

据刘海徽资料介绍,青田石矿区位于浙东南褶皱带温州—临海坳陷的泰顺—温州断裂坳陷的西北部,区内断裂十分发育,按其空间展布方向,大致归为北北东向压性、压扭性断裂与北西向张性断裂两组。除断裂构造外,剪切挤压破碎构造也十分发育。该地区的断裂形成于晚侏罗世火山活动时期,强烈的火山运动引起较为强烈的构造运动,同时该地区出现大量的蚀变岩,形成热液蚀变型矿床。后期规模较小的火山活动引发晚期的断裂出现,其中有两条断裂

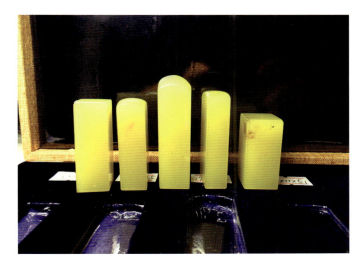

灯光冻套组(弘石坊)

切割了矿化带的北东段,对矿体有一定的破坏作用。同时,在断裂边缘地段所产出的矿石质量较断块中间地段好,成分较纯,说明断裂构造对矿体既有破坏作用,又有利于后期矿液活动,对原矿体改造有叠加作用,成矿具有多期性。除断裂构造外,剪切挤压破碎构造也十分发育。

矿区区域范围内主要分布有上侏罗统西山头组一段(J3×1)、二段(J3×2)、三段(J3×3)和九里坪组(J3j)地层。其中,西山头组第一岩性段,下部岩性为灰色流纹质晶屑玻屑弱熔结凝灰岩,属火山碎屑流相;中部为灰色流纹质玻屑凝灰岩、流纹质含角砾玻屑凝灰岩夹薄层状凝灰质砂岩、凝灰质粉砂岩、粉砂质泥岩、泥页岩及沉凝灰岩等;上部为紫红色、灰色流纹质玻屑熔结凝灰岩,夹流纹质含角砾晶屑玻屑凝灰岩及少量凝灰质粉砂岩、泥岩,熔结凝灰岩中可见气孔构造和凝灰质球状体;顶部为一层流纹质玻屑熔结凝灰岩,局部为喷溢相酸性熔岩。西山头组第二岩性段,岩性以灰色、灰紫色流纹质晶屑玻屑熔结凝灰岩、流纹质晶屑玻屑凝灰岩为主,夹流纹质玻屑凝灰岩、流纹质玻屑熔结凝灰岩、流纹质含角砾晶屑玻屑(熔结)凝灰岩、流纹质火山角砾岩及少量凝灰质沉积岩,岩石常发育柱状节理,形成陡峻地形。西山头组第三岩性段,岩性总体以流纹质玻屑凝灰岩、沉积岩为主,夹流纹质晶屑玻屑(熔结)凝灰岩、流纹质含角砾(晶屑)玻屑凝灰岩等,沉积岩岩性有凝灰质粗砂岩、中粗砂岩、细砂岩、粉砂岩、粉砂质泥岩、硅质岩、沉

凝灰岩等。九里坪组，由一套喷溢相酸性熔岩夹酸性火山碎屑岩组成。岩性以浅灰—灰紫色流纹斑岩、球泡球粒流纹斑岩、流纹岩为主，黄龙火山一带主要为浅灰—灰色英安流纹斑岩，其上覆盖有黄绿色凝灰质细砂岩、沉凝灰岩等。

矿区出露地层为第四系及上侏罗统西山头组第二岩性段。根据其岩性组合特征，将上侏罗统西山头组第二岩性段进一步划分为三个岩性亚段，现自上而下分述如下：

西山头组第二岩性段第一亚段。主要由以流纹质玻屑凝灰岩组成，岩石呈浅灰微黄色，凝灰结构、块状构造，碎屑晶屑、岩屑和角砾及玻屑组成。主要成分是玻屑，含量占85%~90%，大部分已脱玻，少量火山尘胶结，岩石总体具绢云母化。下部岩石强烈蚀变，主要表现为绢云母化，次为叶蜡石化、伊利石化、黄铁矿化。该亚段岩性单一，分布较为稳定，横向变化不大，其总体倾向北西。

西山头组第二岩性段第二亚段。分布于矿区中部，呈"S"形穿插矿区北西、北东角、北西出图。下部为凝灰质粉砂岩，岩石呈浅灰微黄绿色，凝灰粉砂结构、层状构造。由凝灰质粉砂碎屑和泥质胶结，层理裂隙较发育，碎屑成分以石英为主，泥质大多被绢云母交代。中部流纹质晶屑玻屑凝灰岩，呈浅灰色，局部微黄色，凝灰结构，块状构造。晶屑以石英、长石为主，大小 0.5 毫米~2 毫米，含量 20%~25%，含量 1%~2% 的角砾只在局部岩

青田封门青"雕纽印章"（异石居）

石中出现,玻屑 70%~75%。大多已脱玻,少量火山尘胶结。岩石具硅化、绢云母化,局部黄铁矿化。上部为次生石英岩化、绢云母化蚀变岩,浅灰—灰白色,变晶结构,块状构造。原岩为流纹质玻屑凝灰岩。晶屑呈棱角状,以石英、长石为主,大小 0.2 毫米~2 毫米,长石大多硅化,并伴有绢云母化,局部伊利石矿化。

西山头组第二岩性段第三亚段。下部为流纹质晶屑玻屑熔结凝灰岩,浅灰色,塑变结构,假流纹构造。晶屑大小 0.02 毫米~2.5 毫米,呈棱角状,含量 20%~23%,长石部分蚀变,浆屑呈透镜状,长度 1 毫米~8 毫米,含量 1%~2%。玻屑 75%,少量火山尘胶结,岩石硅化较强。中部流纹质玻屑熔结凝灰岩,浅灰~灰白色,塑变结构,假流纹构造。晶屑以石英、长石为主,大小 0.02 毫米~2.5 毫米,呈棱角状,含量 5%~10%。往上部晶屑含量增高,且含角砾。浆屑呈透镜状,长度 1 毫米~8 毫米,玻屑75%,少量火山尘胶结,露头呈大团块状出露。岩石具硅化、弱绢云母化。上部流纹质晶屑玻屑凝灰岩,浅灰色,凝灰结构,块状构造。晶屑以石英、长石为主,大小0.2 毫米~3毫米,

青田黄金耀《丰收》(异石居)

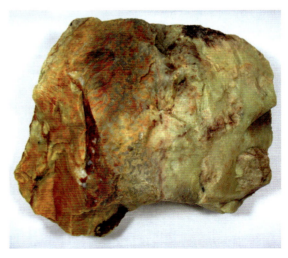

封门三彩(青石斋)

封门黄白夹板冻雕摆件《报春》(异石居)

青田周村龙蛋石原石(异石居)

含量20%、玻屑75%、少量火山尘胶结,岩石具硅化、绢云母化。

第四系(Q4)。岩性由砂砾、碎石、砂石、亚黏土、黏土等组成,厚度0米~6.2米。

青田县山口叶蜡石矿是后期火山热液形成的,因此在地形上顶部常有突出的"硅帽",硅帽下面就有矿。地形上很陡。矿体呈似层状,极不规则。

据叶泽富等人资料,含青田石的叶蜡石矿床一般呈似层状产出,长50米~1200米,延深20米~500米,厚度2米~48.11米,总体走向240°~310°,倾角10°~35°。矿石的主要矿物为叶蜡石,次为石英、伊利石、绢云母等,主要化学成分为:二氧化硅54.14%~79.2%、三氧化二铝16.11%~36.06%、三氧化二铁0.2%~1.05%、氧化钾和氧化钠0.12%~5.84%。矿床多产于上侏罗统西山头组酸性火山碎屑岩与熔岩中,且多位于破火山构造的边缘部位,此地带常伴有与火山岩同源的潜火山岩或侵入岩侵位,并形成强烈的围岩蚀变,分带明显(石英—叶蜡石—绢云母),矿床成因属火山热液充填交代型。典型矿床有山口叶蜡石矿床和周村叶蜡石矿床等。

山口叶蜡石矿床赋存于上侏罗统西山头组第二岩性段—套酸性—中酸性流纹岩、球泡流纹岩、流纹斑岩、流纹质含角砾晶屑玻屑凝灰岩、流纹质晶屑玻屑凝灰岩中，呈似层状，总体倾向南西，倾角5°~10°。划分为4个矿段，已查明6个矿体，长100米~1200米，延深50米~500米，平均厚度6.56米。矿石的矿物成分主要为叶蜡石、石英，其次为刚玉、硬水铝石、绢云母、高岭石、绿泥石、伊利石、蓝线石、红柱石等；主要化学成分为：三氧化二铝17.18%、三氧化二铁1.0%、氧化钾和氧化钠1.68%。青田石含矿率为2.64%（以厚度百分比统计），青田冻石的主要矿物成分为叶蜡石（95%~100%），含微量蒙脱石、蛭石、伊利石、绿泥石及杂质等。代表性品种有灯光冻、封门青、黄金耀、封门三彩等。

封门青摆件《荷塘飘香》主体是封门青，底座蓝青田（异石居）

周村叶蜡石矿床主要赋存于上侏罗统西山头组第一岩性段的流纹质含角砾晶屑玻屑熔结凝灰岩中，呈似层状，总体倾向北西，倾角25°~35°。已查明7个矿体，长200米~460米，延深30米~160米，平均厚度3.21米。矿石的矿物成分主要为叶蜡石、绢云母，其次为石英、长石等，微量矿物为磁铁矿、白钛矿、褐铁矿、磷灰石、绿帘石、锡石以及绿泥石等；主要化学成分为：三氧化二铝18.35%、三氧化二

青田石雕摆件山炮绿《迎客松》（异石居）

青田石蓝星雕件《蛙鸣》

铁 1.43%、氧化钾和氧化钠 2.23%。

这里的青田石（又称"周村石"）含矿率为 1.21%，冻石含矿率 0.68%（以面积百分比统计）。冻石主要矿物成分为绢云母或绢云母—叶蜡石组合，主要化学成分为：二氧化硅 52.75%、三氧化二铝 32.70%，氧化钾 5.62%、三氧化二铁 0.70%。其分布有两种形式：其一为沿北西向的陡倾角节理裂隙充填，其二为裂隙间的不均匀交代。采出的雕刻石由冻石和普通叶蜡石两部分组成，其中冻石是雕刻用主材料，而叶蜡石是雕刻用辅材料，冻石占雕刻石的比例平均为 27.86%，块度一般为 10 厘米~40 厘米。代表性品种有：竹叶青、夹板冻、龙蛋石及葡萄冻等。

二、矿床成因

前人对青田石的形成做了大量研究。1929 年，地质专家叶良辅、张更由青田县城至山口，再由山口西行经大安、下陈、冯垟、半坑、小岭至大岭阜达季山，进行实地考察，写成《浙江青田县之印章石》的论文。文中指出："青田印章石，显由流纹岩与凝灰岩所变"，"为中级高温溶液与火山岩互起变化而成"。1949 年后，地质学者对青田石矿床进行了数次深入研究，认为青田石属叶蜡石，叶蜡石矿的成因与火山岩和侵入岩有关。

浙江省第十一地质大队在山口矿区做了大量地质考察研究工作，撰写出《青田县山口叶蜡石矿床地质特征简介》报告。文中认为矿区处于青田—寿宁火山裂隙喷发带，一套中酸性火山碎屑岩，熔岩夹火山沉积岩大面积出露。矿床属火山—中低温热液矿床，成矿形式以交代为主,充填次之。这是由于火山活动,热水溶液作用于火山岩,促使硅酸盐矿物的分解,并进行有规律的迁移、富集和重新组合。成矿作用是在"半封闭"的有大量水的参与而无铝的加入的条件下,以"就地取材"的交代方式进行的。

地质学者何英才研究认为,青田山口叶蜡石矿的成矿时代为晚侏罗世到白垩纪,属火山气液改造叶蜡石矿床。矿体主要赋存在酸—中酸—中性火山岩的蚀变

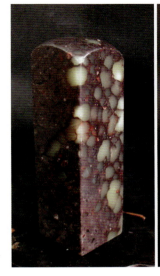
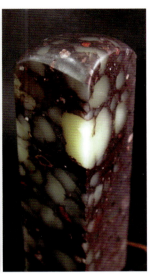

葡萄冻素章(小莉石家)

岩石中,常组成次生石英岩的一个相带,是火山活动过程中,伴随岩浆上升的气液(包括部分天水)交代、分解早期形成的岩石或火山活动同期的岩浆物质(如长英质玻璃、火山灰等),在一定的物理、化学条件下改造,经部分或全部脱硅、去杂、物质成分重新组合,就地沉淀或沿裂隙经过运移充填而形成。

据陈涛等人资料介绍,矿区内燕山晚期岩浆活动强烈,上侏罗统中酸性火山岩和侵入岩广泛发育,并覆盖全区。晚侏罗世火山活动强烈,并伴随火山喷溢、喷发及强烈的爆发作用,由此形成大面积覆盖火山碎屑岩,其岩性主要为以酸性为主的流纹质火山碎屑岩和熔岩,属富钾、富铝的岩石。含矿层分布于上侏罗统西山头组,含矿层位主要为西山头组中偏下部的一套流纹质火山碎屑岩系,具有一定的层位,说明地层岩性是该矿床的控矿因素之一。含火山泥球晶玻屑流纹质凝灰岩层为叶蜡石矿床的主要矿化层。含矿层以叶蜡石化为主,硅化为次。其上部以次生石英岩化为主,叶蜡石化为次,形成次生石英岩带;下部以硅化为主,叶蜡石化为次,形成硅化带。它们相互呈渐变过渡关系,表现出明显的垂直分带特征。围岩蚀变主要有次生石英岩化、叶蜡石化、硅化,还有高岭土化、绢云母化、碳酸盐化。矿体在含矿层中连续性差,呈不规则的似层状、透镜状、团块状等多种形态产出。其规模大小变化很大,一般长几十米,特别是较纯的青田

雕刻石,大矿体能达 10~20 米,最小的只有几十厘米。矿体除受层位控制外,还受构造控制。矿石矿物主要为叶蜡石及硬水铝石,并含少量高岭石、红柱石。脉石矿物主要为石英、绢云母、黄铁矿,显示出低温热液矿物组合特征。

据刘海徽资料介绍,矿区围岩蚀变有硅化、叶蜡石化、伊利石化、绢云母化、黄铁矿化、次生石英岩化等。分布于西山头组第二岩性段第一、二、三亚段岩层中,分述如下:

硅化:主要分布于西山头组第二岩性段第二、三亚段岩层中,在矿化带蚀变带之上尤其强烈,往往以"硅帽"的形式覆盖在伊利石叶蜡石矿化体之上,局部地段形成次生石英岩,成为找矿标志,与叶蜡石、伊利石成矿关系甚为密切。

叶蜡石化:分布于西山头组第二岩性段第二亚段岩层上部,伊利石叶蜡石矿化带中,位于硅化带之下,局部蚀变强烈者形成伊利石叶蜡石矿体。

伊利石化:分布于西山头组第二岩性段第二亚段岩层上部,伊利石叶蜡石矿化带中,位于硅化带之下,常与叶蜡石化相伴生,易形成伊利石叶蜡石矿体或伊利石矿体。

绢云母化:分布于西山头组第二岩性段第一、二亚段岩层中,在矿化层和下部流纹质玻屑凝灰岩中甚为强烈,常与硅化、叶蜡石化、伊利石化、黄铁矿化相伴生,绢云母交代长石、玻屑等碎屑物。

黄铁矿化:主要分布矿化层下部岩石,常与绢云母化、硅化伴生。

矿区围岩蚀变在水平分带不明显,在垂直方向上具有较明显的分带性,从上而下分为三个蚀变相带:

富石英相带:蚀变矿物主要为石英、少量绢云母、黄铁矿。主要化学成分二氧化硅偏高,三氧化二铝、三氧化二铁偏低,微量元素钛、镍、镧、铅、锌含量偏高。

石英叶蜡石伊利石相带:蚀变矿物有石英、叶蜡石、伊利石等。主要化学成分三氧化二铝、氧化钾、氧化钠偏高,二氧化硅、三氧化二铁、氧化钛偏低,微量元素变化不明显。

绢云母、黄铁矿相带:蚀变矿物有绢云母、黄铁矿、石英等。黄铁矿呈浸染状、绢云母化呈面状分布。主要化学成分二氧化硅、三氧化二铁、氧化钾含量偏高,三氧化二铝含量偏低。微量元素镍、铜、银含量偏高。

矿床属火山气液改造叶蜡石矿床。矿区位于上侏罗统西山头组第二岩性段第二亚段流纹质玻屑凝灰岩中,属富钾、高铝岩类,在岩浆期后易产生热液蚀变,其中原岩的玻屑等碎屑易发生脱玻化，即被伊利石、叶蜡石、绢云母蚀变交代，铝、钾相对过饱和，富集成矿。火山活动带来大量的喷发碎屑物堆积，火山热液提供成矿物质，在一定的物化条件下改造，经部分或全部脱硅、去杂、物质成分重新组合，形成富钾、富铝等蚀变岩石。火山活动晚期，成矿热液沿构造带上升，在特定的构造部位渗透交代，使原已强蚀变岩石中的铝离子、钾离子等元素活化，并对矿源层中成矿物质起到调整、搬运、迁移、富集的作用，就地沉淀或沿裂隙经过运移充填，形成叶蜡石、绢云母、石英、伊利石、黄铁矿等矿物，而这些均属中低温热液蚀变

青田封门蓝带（文墨堂）

矿物，成矿与破火山关系密切，故该矿床成因类型属低温火山热液蚀变型矿床。

据陈延芳等人资料介绍，青田石是中酸性火山岩或次火山岩经气液交代变质作用的产物。交代蚀变岩是一种与成矿作用关系十分密切的岩石，在交代变质作用过程中，由于温度、压力梯度的影响以及活动性组分的迁移，往往形成矿物组合有序的蚀变分带。各蚀变带之间呈渐变过渡关系，蚀变岩石种类复杂，颜色结构变化很大。青田石属于蚀变岩石，并具有相似的形成条件，由此解释了同一种彩石品种、颜色、质地及品种方面的多样性。在变质岩石学中将含有叶蜡石、伊利石、迪开石等黏土矿物以及红柱石、刚玉、金红石等变晶矿物的蚀变岩石统称为次生石英岩。次生石英岩的矿物组合及蚀变分带受原岩成分及蚀变强弱程度的制约。从强烈蚀变的内带到未蚀变的岩石，次生石英岩可分为三个自然系列：（1）原岩为酸性岩系列，刚玉—红柱石——一水硬铝石—叶蜡石—绢云母；（2）原岩为中酸性岩系列，明矾石—高岭石—叶蜡石—绢云母；（3）原岩为中性岩系列，一水硬铝石—高岭石—叶蜡石—绢云母。因此，从未蚀变岩石到强烈蚀

变内带的方向,可以圈出一个理想的发育完全的蚀变分带,即从未蚀变岩石→青磐岩化→绢云母相→叶蜡石相→高岭石相→明矾石相→一水硬铝石相→红柱石相→刚玉相,各相带之间的界线是渐变的。但在不同地区,因变质温度、压力等条件的不同,各相带的发育情况有较大的差异。因此,在中酸性火山岩蚀变岩区发育完全的相带不多见。

相对于其他交代蚀变岩石来说,次生石英岩的交代矿物成分比较简单,这是因为次生石英岩的中酸性火山岩原岩的组分比较简单,在流体的作用下,原岩的某些组分被强烈带出,在另一些地方再沉淀出来,形成不同矿物沿一定方向聚集的特征。通常原岩中活动性小的组分,如硅、铝、钛、铁保留在内带形成红柱石、刚玉、石英、金红石等;而活动性强的组分,如钾、钠则被带到外带形成绢云母;其他组分如镁、钙等一般在更外面的青磐岩中以绿泥石、绿帘石等形式出现。研究还表明次生石英岩是在温度逐渐降低、流体成分不断变化的条件下形成的。内带的红柱石、刚玉和一水硬铝石形成于300℃~400℃,流体成分以含卤化氢、硼化氢以及硫化氢和三氧化硫的含水强酸性为特征。中带的明矾石形成于300℃以下,流体成分为含硫、水以及氟化氢、氯化氢的酸性介质。外带的叶蜡石、高岭石等形成温度可能更低,流体介质为弱酸的硫酸溶液或碳硫溶液;外带的绢云母则是在中性或弱碱性条件下形成的。在交代变质作用中,活动性组分的种类和含量与交代变质作用的强度有关,在

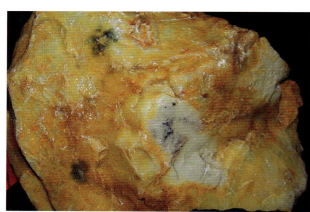

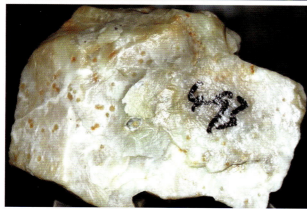

青田彩冻大原石

强烈交代变质作用的中心,活动性组分增多,将形成组分非常简单的岩石,如叶蜡石岩,此即高品级青田石形成的重要原因。因此在野外开展详细的地质填图并划分蚀变带,是寻找高品级青田石的重要方法。

总之,青田石是中酸性火山岩或次火山岩经气液交代为主、充填为辅的变质作用的产物,是火山活动过程中,伴随岩浆上升的气液交代、分解早期形成的岩石或火山活动同期的岩浆物质,在一定的物化条件下改造,经脱硅、去杂、物质成分重新组合,就地沉淀或沿裂隙经过运移充填而形成。含火山泥球晶玻屑流纹质凝灰岩层为叶蜡石矿床的主要矿化层。地层岩性是该矿床的控矿因素之一,表明矿体具有一定层控性。矿体除受层位控制外,还受构造控制。该矿床成因类型属低温火山热液蚀变型矿床。研究认为,在强烈交代变质作用的中心,活动性组分增多,将形成组分非常单一的岩石,如叶蜡石岩,此即冻地青田石形成的重要原因。

第四章
青田石基本特征及类型

一、青田石基本特征

　　青田石的品种具有多样性，既有叶蜡石型、伊利石型和迪开石型青田石，也有含刚玉、红柱石和绢云母等品种的青田石。其中叶蜡石型青田石是高档青田石工艺石材的主要品种。青田石的颜色和质地与其矿物组成和显微结构有关，也可能与其所含的微量致色离子有关。蚀变岩的内带往往有利于形成组分比较单一的蚀变岩石，是高档青田石的主要产出特征。

　　由于矿物成分、化学成分的差异，使青田石不仅呈现出各种类型，同时也使其质地、色彩、花纹变化无穷。青田石中矿物的含量决定了石质的软硬，一般来说，氧化铝含量愈高愈软，氧化硅、氧化铁含量愈高愈硬。纯叶蜡石型的青田石，其二氧化硅与三氧化二铝成分非常接近叶蜡石理论值，杂质离子、外来离子、层间离子少，石质细腻，硬度适中，石色以淡青、浅黄为主，属高档雕刻石。高硅质叶蜡石型，其硅的含量偏高，石质较粗，硬度较大，属较低档雕刻石。高铁质叶蜡石型，铁的含量偏高，石色较深，一般为暗红色、黑色，不透明，属低档雕刻石。质地纯、透明

青田石雕摆件毛竹《节节高升》(异石居)

度好的冻石，其矿物成分就是很纯的细小致密结晶质叶蜡石。

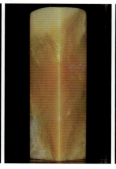

各种青田黄色冻印章

青田石中化学成分的变化还导致外在石色、质地、透明度的差异。青田石的颜色主要由三价铁、二价铁、四价钛引起，并呈现红、黄、绿等色。这些致色元素含量小于 0.25% 时，形成浅色调，透明度较高；当其含量大于 0.5% 时，石色变深，透明度降低。次要矿物对石色亦有很大影响，如含刚玉呈深蓝色或浅蓝色，含红柱石呈粉白色或肉红色，含蓝线石呈淡蓝或紫罗兰色等。

在气液交代—充填的叶蜡石矿床中，气液对原岩改造形成叶蜡石"矿浆"，沿构造破碎带迁移、沉淀，规

青田封门红花冻《海底世界》(异石居)

模一般不大，但矿石质量较好，所谓"冻石"多产自此类矿床中。青田石中的花纹是因在矿石蚀变过程中受外力的挤压、聚集、沉淀、浸入，而使各种色素矿物相互浸染、压固、胶结等而形成的。

朱选民研究认为，青田石细鳞片状结构相对发育，有利于青田石矿物结晶细化，形成较好的质地特征。青田石矿床主要为中低温热液矿床，青田石中的叶蜡石以 2M 型为主，伊利石和绢云母以 1M 型为主，部分迪开石呈假六方板状，均说明青田石结晶度较

青田石雕山水岭头水洞石《鸿运当头》(石之韵)

各种深色青田石章

好，符合火山热液成因的特征。因为热液蚀变作用可输送和集中晶体生长所必需的硅铝成分，迁出一些不必要的原始物质，从而使晶体得以充分发育。铝的含量对青田石的品质有影响。一般来讲，铝含量增加有利于青田石质地和透明度的改善。有序度与青田石外观特征有密切关系。有序度高说明晶体内部占位情况有规律，形成杂色心也较少，使其外部趋向于透明。在结晶过程中，有序度高，其内能低，性质较稳定，符合其作为宝石的基本特性。测试结果表明，工艺级青田石的有序度均较高，这也是青田石成为优质雕刻石的原因之一。一些非叶蜡石型青田石是青田雕刻石中的新品种，其中迪开石型青田石的透明度高于其他类型的青田石，这与其含有较多的结构水有关。但是，迪开石加热脱水时其透明度相应降低。绢云母型青田石含水少，所以质地细腻，不易脆裂，是一种较新型雕刻石。伊利石型青田石的特征是颗粒度细小，

青田石雕刻摆件　　　　　　　　青田封门红雕刻摆件
蓝花钉《金蟾》(青石斋)　　　　　《灵芝壶》(青石斋)

含水明显少，所以少数优质伊利石型青田石不会出现脆裂现象，但大多数会在脱水时出现脆裂现象。

　　青田石矿物成分及组合复杂多样，多数品种属于叶蜡石型，但也发现有迪开石型、伊利石型和绢云母型等非叶蜡石型品种。叶蜡石型青田石以灯光冻、封门青品种为代表，工艺级叶蜡石与工业级叶蜡石在颗粒度和形状上的差异是导致其外在质地不同的

青田山炮绿原石(青石斋)　　　　　青田蓝星兔纽章(文墨堂)

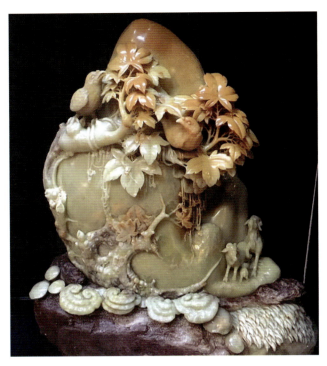

青田封门石黄金耀石雕
《鸟语花香》（艺海石屋）

青田岩门晶玻璃冻鱼组章（石之韵）

重要原因。迪开石型青田石以冰花灯光冻、北山晶品种为代表，透明度比叶蜡石型青田石高，质地细腻，是一种优质雕刻石。伊利石型青田石因含有层间水，容易出现脆裂现象。但少数品种由于粒度细，结构致密，具有温润细腻的质地，是一种较稀少的青田石品种。绢云母型青田石以山炮绿品种为代表，因含有较少的结构水和吸附水，所以在温度升高的条件下，还保持晶格稳定性，是一种新型雕刻石。青田石的结构有序度、铝的含量及占位形式、水的存在形式及晶体颗粒度等是影响玉石质量的重要因素。

陈涛等人研究认为，封门青品种主要由较纯叶蜡石组成，为纯叶蜡石类。与同矿区的工业用叶蜡石相比，化学成分以富碱、富铝、贫硅为特征，这是封门青品种极少含有石英而含有少量高岭石的原因。此外，蓝花钉、蓝花星和紫罗兰品种基质的矿物成分主要为叶蜡石，其温润黄色是由铁元素所致。蓝花钉品种中的蓝色团块主要由微晶刚玉组成，可将该品种归为刚玉叶蜡石型。蓝花星和紫罗兰品种同属蓝线石、红柱石叶蜡石型，矿物共生组合复杂。其中蓝色或紫色粒状矿物为蓝线石，浅粉红色或灰白色斑点主要为红柱石，透明冻状斑点为高岭石族矿物。此外，蓝花星品种中的蓝线石相对富铁，而紫罗兰品种中的蓝线石则相对贫铁含钛。山炮绿品种中主矿物为含铬绢云母，次要矿物为石英，并含少量黄铁矿、红柱石、伊利石等，其鲜艳的绿色为铬元素所致，质地细腻。

商亮节研究也认为，封门青品种主要由绢云母和叶蜡石组成，为绢云母—叶蜡石混合型青田石冻石。与同矿区的其他叶蜡石相比化学成分以富碱、富铝、贫硅为特征，这是由于封门青品种含石英极少，但却含有少量高岭石。灯光冻品种是一种较纯的叶蜡石，其中可含有少量的石英。黄金耀品种也是一种较纯的叶蜡石，含有少量的石英。其温润黄褐色是由氧化铁带状分布的结果。灯光冻中局部出现的白癣，是由黄玉晶体造成的，故硬度较高。蓝星是以叶蜡石和绢云母为基底，其中散布着球状的蓝线石集合体和红柱石集合体，还含少量的高岭石矿物，矿物共生组合复杂。其中鲜艳蓝色为蓝线石

青田菜花红星
（文墨堂）

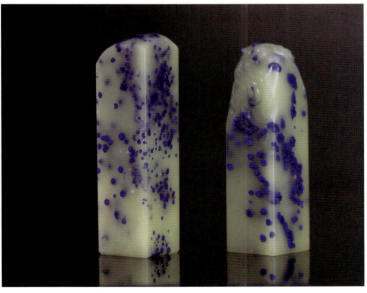

青田蓝星（文墨堂）

龙蛋石俏色雕《龙龟》(青石斋)

青田老鼠坪奇纹木纹石

青田石黄冻印章

青田岭头水洞三彩石（呈红、白、棕等色）大雕件（石之韵）

青田北山晶巧雕（文墨堂）

青田龙蛋石石雕精品摆件《蜂巢》

蓝青田石雕摆件《珊瑚海底世界》（异石居）

青田叶蜡石原石

致色。蓝花钉品种主要是在叶蜡石基底上散布着灰蓝色团块,其灰蓝色团块为微晶刚玉集合体,尚有少量的富水矿物,如硬水铝石、高岭石。龙蛋石中的龙胎为绢云母矿物,而龙血则为绢云母为主,叶蜡石次之,含少量的赤铁矿,其中龙血是散布于其中的赤铁矿所致。由于青田冻石中杂质矿物的存在,使得青田冻石的抛光性变差,蜡状光泽变弱。但不同杂质矿物的出现,使青田冻石的品种呈多样化,颜色丰富。

二、青田石基本类型

人们习惯按产地将青田石分为封门石、旦洪石、尧士石、白垟石、老鼠坪石、塘古石、周村石、山炮石、北山石、方山石、季山石、岭头石和武池石等。根据颜色可将青田石分为青色、黄色、红色、蓝色、白色、黑色、绿色、紫色、褐色、棕色和花色等。根据青田石的矿物组成可将青田石分为叶蜡石型、迪开石型、伊利石型和绢云母型等。

白色青田石主要矿物成分为叶蜡石,除了硅、铝和钙、钠外,其他组分极少。红料青田石主要是含铁量较高。绿料和蓝料青田石主要是由镁、铁、铬致色而成。紫红料青田石含铁量低于红料。黄料青田石含较高的氧化钙。金色和黄橙色料青田石一般都含氧化镍或辉锑矿氧化物。

封门石大类有封门冻石、单色封门石、多色封门石、花色封门石等,例如,灯光冻、兰

青田葡萄石

青田竹叶青冻原石

花青田、封门青、白果、黄金耀等都是著名的品种。一般来看,封门石的质地较为温润细腻,色彩丰富明朗,石性结实坚脆,石老不易风化。

尧士青田石含三氧化二铝量仅次于封门矿化带。尧士青田石含三氧化二铁量大大高于封门、旦洪、白垟、老鼠坪等矿化带。尧士青田石的结晶水含量较低。尧士青田石含二氧化硅量仅高于封门矿化带。尧士青田石除了冻石外,还有单色尧士石、多色尧士石、花色尧士石等。尧士图案石包括云纹石、水纹石、木纹石等形态万状、不同纹理、不同色彩的石头。最著名的有蓝花青田、南光青、金玉冻、夹青冻、猪油冻等冻石佳品。

旦洪(官洪)矿化带所产青田石含铁量较低,并含有较多的分子水,但含硅量位居五个矿化带之首。官洪洞所产青田石质地最佳,新洞产白石,紫檀。洪洞产紫白相间的花色石,头青洞产嫩青石。旦洪矿化带出产各类冻石,除了灯光冻、金玉冻、黄金耀冻、红花冻、五彩冻等冻石外,还出产鱼冻、官洪冻、蜜蜡冻等。除了冻石,旦洪还有单色青白石、旦洪青田石、多色旦洪青田石和花色旦洪青田石。

白垟矿化带所产青田石含铁量为五个矿化带之末,氧化钾含量接近封门矿段,氧化镁含量为五个矿化带之首。白垟青田石也有蓝钉、蓝星、蓝带,且石质稍坚。这些青田石的蓝,同样来自蓝线石和刚玉性质的蓝宝石。白垟石以青色、白色、青白色为主,微黄,但

青田封门金玉冻印章(松石斋)　　　　青田巧头红花冻印章(印石帝国)

由于不同的杂质含量,多青色间有红纹,除了红纹,其实还有棕纹、黑纹和紫纹。白垟青石和白石都泛微黄色。白垟冻石以夹板冻和艾叶绿最为著名。此外,紫岩也比较多。

老鼠坪青田石有较高的三氧化二铁硅含量,但低于尧士矿化带,位居第二。三氧化二铝含量为五个矿化带中最低,氧化镁和氧化钙含量较低。氧化钙含量和封门矿化带相等。三氧化二铁的高含量,使得老鼠坪和尧士一样盛产红料、紫料、金星料。由于老鼠坪青田石所含三氧化二铝量为五个矿化带中最低,因而少有冻石。老鼠坪的雕刻石,色彩丰富,石质结实少裂,而且光泽好。老鼠坪除了出产和其他矿化带相似的青田石外,还要注意它特有的红料和白料。主要品种有青白石、黄皮、黄青田、蓝钉、蓝星、蓝带、紫檀花等。另有很多较有特色的石料。

季山主要的矿山有周村的龙顶尖,季山的季山头、门前山。季山头出产红、黄两种雕刻石,黄的质量较佳;门前山多为红色或带有红带花纹的雕刻石,质均不佳;龙顶尖有黄、白两种雕刻石,白的居多,质均佳,且冻石产出较多。季山以夹板冻石著名,包括有夹板青、夹板白和夹板黄等。夹板青俗称"竹叶青",青似嫩竹之叶,青中有绿色调,是属于正绿色中的翠绿,这种绿色凝练浑成。

塘古石以全青全黄为最。塘古青冻和黄冻质地纯洁无瑕,含三氧化二铝量超过28%,冻化程度极高。塘古青冻青色淡然,接近嫩竹叶青色,青色中有明显的白色调。塘古黄冻黄色中有绿色调,接近秋葵黄色。青冻和黄冻常为伴生冻,两者色调谐和,色间过度极为自然。

岭头山上主要有山羊洞、南黄洞、水洞、三条洞、耳朵腮洞等数十个矿洞。山羊洞出产的矿石就是这种浅色调的致密矿石,质地接近冻石。因为次生石英砾的存在,所以大多数岭头石有明显的

青田竹叶青印章及原石

"石络"。"络"，泛指网状物，如橘络、丝瓜络等。由于角砾凝灰岩颗粒结构较粗，加上岭头山地质条件多水，所以部分岭头石物理水含量较高，大多数岭头石开采之后必须进行阴干处理，以缓慢的速度除水来稳定石性。岭头石曾被称为"寺院址坪石"，其色泽比较丰富，红黄蓝白青靛紫各色。青色的就称"岭头青"，黄色的就称为"岭头黄"。"猪肝色"是紫色，所以又称"岭头紫"。紫色似线就称"岭头紫线"。"岭头青"石质较粗，"岭头红"结实不透，"岭头紫"多细沙，"岭头紫线"与"岭头紫"在质地上无太大差别。这里水洞所产的"岭头三彩"色彩艳丽，质地细腻光洁，石性稳定，透明度极高。"岭头三彩"主色是黑、白、棕三色，其中两色分别以环状或层状夹生于第三色之上。

武池石属石英—伊利石—叶蜡石型，它和寿山石有很多相似之处，它的主要矿物成分就是伊利石，与青田石很不相同。武池石一般都有黑皮，且武池石肌理多筋络。武池的红冻，质地细腻光洁，朱红色，艳丽浑厚，与寿山的"红半山"相似。武池的白冻莹润洁净，与寿山水坑的鱼脑冻相似。武池白冻肌理有隐约的黄色波纹，犹如寿山田黄的萝卜纹，所以"武池白"也称作"青田田白"。除了冻石，武池各色青田石大多质地细腻。

白岩矿产夹板冻尤佳，层状的白色冻石夹顽石而生。冻石质地莹洁，肌理偶有色点。白岩冻石透明度位居青田冻石之首，人称之为"北山晶"。

山炮矿多绿石，形似翡翠，绿色翠丽，有青色调，人称"青田翡翠"或"翡翠青田"。山炮绿石质地细腻微冻，石性坚脆。山炮绿的色泽来自次生石英岩的绢云母化。

石门矿青田石也为绢云母成分，与山炮石相比其绿色带灰，并隐约有白色星点。石门石虽然多层纹，但质地细腻凝结。

青田武池黑紫方章

朱选民研究认为,封门石主要矿物组成
为叶蜡石或伊利石。次要矿物为刚玉、蓝线
石、红柱石、石英、黄铁矿、硬水铝石等。随着
叶蜡石逐渐被黄铁矿化、绢云母化、伊利石
化,叶蜡石型青田石向伊利石型青田石转
变。在这个转变过程中,叶蜡石的有序度不
断降低。

叶蜡石的有序度则随铁质量分数的增
多而明显下降。青田石的形成过程是一个铝
带入、硅带出的逐渐蚀变过程,致使铁等微
量元素不断进入。同时,由于硅不断迁出,在
围岩处则形成了高硅亚型,这就解释了青田
石为何存在"硅化围岩和冻石共同产出"的
现象。

矿石的叶蜡石—硬水铝石—刚玉共生,
其成矿温度在 394℃±10℃。叶蜡石—红柱石
共生,其成矿温度在 337℃±10℃。有的青田
石在绢云母化过程中出现了大量的红柱石、
蓝线石、刚玉、硬水铝石等次要矿物,可见封
门石的成矿条件复杂多样。的确,封门矿区
的断裂构造和裂隙构造发育,以及蚀变矿化
带中有强烈的构造破碎带,这也表明其成矿
环境的复杂性。

旦洪石主要矿物组成为叶蜡石,次要矿
物为石英,具有明显的"铁染现象"。青田石
中的铁元素有两种存在形式,晶格铁的形式
存在使青田石基质整体呈现均匀、柔和的青
色与青黄色等。吸附铁的形式存在,使青田

青田山炮绿原石

青田巧头青田官洪冻组章(印石帝国)

石基质上"染"了一层不均匀的红色、紫红色或黑色色带,这就是铁染现象。

尧士石主要矿物组成为叶蜡石,次要矿物为绢云母、叶绿泥石、高岭石、刚玉、黄铁矿和红柱石等,有的青田石在绢云母化过程中,其叶蜡石的有序度下降显著,并伴有明显的铁染现象。随着铁质量分数的增多,青田石(叶蜡石型)中叶蜡石的有序度急剧下降。有的青田石在高岭石化过程中,出现了近宝石级的蓝色刚玉晶体。

白垟石矿物组成为迪开石和叶蜡石混合型,以迪开石为主,次要矿物为叶绿泥石,属较有序的迪开石。有叶蜡石与大量高岭石—迪开石共生,存在叶蜡石—高岭石—迪开石多型的转变趋势。

塘古石主要矿物组成为叶蜡石,次要矿物为绢云母。有的青田石在绢云母化过程中出现极少量的次要矿物,初步推断,塘古石的成矿条件较封门石的单一。

周村石主要矿物组成为伊利石或叶蜡石,次要矿物为黄铁矿、石英等。它们有序度不高。有序度不高是由原岩中部分矿物受风化淋滤、层间阳离子淋失减少而水分子增加产生少量膨胀层使矿物有序度降低所致。有的青田石中含有大量的石英,叶蜡石却保持高有序度,可见石英对青田石(叶蜡石型)的有序度无显著影响。有的周村石含有大量的石英和黄铁矿,导致其质地不细腻,多具砂感,并有紫红色硅化围岩和冻石共同产出。有的青田石有脆裂现象,研究证实叶蜡石与伊利石的热膨胀系数不同,导致两者受热后产生应力差,引起脆裂,这是直接原因,伊利石受热脱水只是青田石脆裂的间接原因。实践证实,伊利石和叶蜡石共生的青田石品种最易出现脆裂现象。而纯伊利石型青田石中却少有脆裂现象。

山炮石主要矿物组成为绢云母,其绢云母的有序度高,山炮石的有序度明显高于周村

青田尧士棕黄色章料

石,前者的氧化钾质量分数明显高于后者,具绢云母的特征。后者中的水分子质量分数高于前者,具伊利石的特征。

北山石的主要矿物组成为迪开石,其迪开石的有序度高,矿物组成单一。

三、青田石的矿物学特征

多数青田石为叶蜡石型。叶蜡石为单斜晶系,属层状硅酸盐矿物,化学结构式为$Al_2[Si_4O_{10}](OH)_2$,理论化学成分为三氧化二铝 28.3%、二氧化硅 66.7%、水 5%。青田石的化学成分以三氧化二铝与二氧化硅为主,两者约占 90%,其他成分有三氧化二铁、氧化钙、氧化镁、氧化钠、氧化钾、氧化钛等。自然界很少见到纯叶蜡石,往往有各种杂质伴生。叶蜡石晶体通常为片状,放射状集合体,带珍珠状晕彩或为隐晶质鳞片状致密块体,一般为白色,微带浅黄色或淡绿色、条痕白色,从玻璃光泽、珍珠光泽、蜡状光泽到无光泽。性柔,具滑腻感,密度2.75g/cm³~2.90g/cm³,摩氏硬度 1.5~2.0。解理面上有珍珠光泽。耐火度 1630℃~1730℃,白度 7%~94%,两者一般与氧化铝含量成正比。

据买潇等人研究认为,叶蜡石型青田石占青田石品种的大多数,以封门青、红花、灯光冻、葡萄冻和老虎石等品种为代表。该类型青田石外观呈蜡状光泽,密度范围2.65g/cm³~3.01g/cm³,随次要矿物成分及其含量的不同而各不相同。这种叶蜡石型青田石很可能是成岩期产物,受后期变质作用影响较少,故保持较高的有序度和化学成分纯度。

青田玻璃冻原石

伊利石型青田石中常含有少量的叶蜡石,颜色主要为青色和青白色,以竹叶青、龙蛋石(心)、黄金耀、金玉冻等为代表。该类型青田石外观具蜡状光泽,密度范围 2.70g/cm³～2.87g/cm³,由于含其他杂质矿物,所以密度值波动范围较大。这种青田石的变质程度相对较低,其形成符合火山热液成因。

青田石诸多品种中,以迪开石型青田石的透明度为最好,颜色以灰白色为主,冰花冻、北山晶和玻璃胶冻是其典型代表。该类型青田石外观具油脂—蜡状光泽,密度范围 2.59g/cm³～2.61g/cm³,由于矿物成分比较纯净,所以密度值较稳定。

绢云母型青田石以山炮绿为典型代表,颜色为绿色,透明度较低,外观细腻,没有云母类矿物易剥落、易解理等特征。由于次要矿物的影响,密度在 2.71g/cm³～2.96g/cm³ 范围内波动。其绢云母晶片定向性非常显著,粒度明显比伊利石要大。

据朱选民资料,青田石按其矿物组成可分为叶蜡石型、迪开石型、伊利石型和绢云母型。其中,叶蜡石型又可分为纯叶蜡石亚型、高铁叶蜡石亚型、高铝叶蜡石亚型和高硅叶蜡石亚型。叶蜡石型约占青田石品种总数的70%以上。

青田石按产地分,不同产地的青田石其矿物组成具有一定的规律性,一般以一种矿物为主, 含不等量的次要矿物。青田石品种的鉴别特征与其矿物组成有关,通过其脆裂性、铁染现象、次要矿物、多型特征、密度等可大致区分它们。青田石目前无"山坑石""田坑石"和"水坑石"的分类,也无原生矿和次生矿之分,绝大多数品种均直接产于矿洞。

封门石是青田石中最丰富、数量最多的品种,其主要矿物组成为叶蜡石或伊利石,叶蜡石的多型特征。常见

青田封门彩石

的颜色为青色、黄色、黑色和花色等。密度为 2.70g/cm³ ~ 3.00g/cm³，蜡状光泽，微透明—不透明。常见的次要矿物为刚玉、蓝线石、红柱石、硬水铝石等，以圆点状、团状、云雾状、条纹状、浸染状和隐含纹理状出现于基质中，使封门石呈现丰富的产状特征。少数品种在受热或暴晒后会出现脆裂现象。

旦洪石、尧士石、塘古石其主要矿物组成为叶蜡

青田封门石雕《白菜发财》(石君斋)

石，具多型特征。常见的颜色为红色、青色和黄色等。该类品种的外观、光泽和透明度与封门石的相似，但次要矿物不如封门石的丰富，极少见脆裂现象，多数品种具铁染现象。

白垟石、北山石其主要矿物组成为迪开石，常见的颜色为瓷白色和青色等。密度为 2.60g/cm³~2.70g/cm³，蜡状光泽和瓷状光泽，微透明—半透明。该类品种的成分较单一，次要矿物不丰富，常见特征的絮状物包裹体极少见铁染现象和脆裂现象。其中，白垟石中迪开石的有序度低于北山石的，常以硅化围岩与冻石结合出现。

周村石其主要矿物组成为伊利石或叶蜡石、伊利石的多型并存。常见的颜色为青绿色，质地不细腻，多具砂感，多以紫红色硅化围岩与冻石结合的形式出现。密度为

$2.70g/cm^3$~$2.80g/cm^3$，蜡状光泽，微透明—不透明，成分较单一，次要矿物不丰富。部分品种在受热或暴晒后会出现脆裂现象。

山炮石其主要矿物组成为绢云母，多型并存；常见的颜色为绿色，色似翡翠，具有褐黄色外皮。密度为$2.70g/cm^3$~$2.80g/cm^3$，蜡状光泽和丝绢光泽，微透明—不透明。次要矿物为黄铁矿和石英，常见铁染现象。肉眼观察山炮石（绢云母型）与周村石（伊利石型），其区别主要在于前者无脆裂现象和具丝绢光泽，而后者常有脆裂现象和具蜡状光泽。

第五章
青田石种类

青田石分类方法主要有产地分类法、颜色分类法、矿物组成分类法等。按产地分类法可分为封门石、旦洪(官洪)石、尧土石、白垟石、老鼠坪石、塘古石、周村石、山炮石、北山石、方山石、季山石、岭头石和武池石等。按颜色分类可分为青色、黄色、红色、蓝色、白色、黑色、绿色、紫色、褐色、棕色,还有单色、双色、三色和多色等。青白色的有封门出产的灯光冻、封门青、兰花青田,周村出产的竹叶青;黄色的有封门、尧土、旦洪的黄果、金玉冻、黄金耀等。白色的有封门出产的白果、羊脂白,白岩出产的北山晶;红色的有封门出产的朱砂冻、石榴红、美人红、猪肝红;蓝色的有封门出产的蓝带、蓝星、蓝青田;绿色的有白垟出产的芥菜绿,山炮出产的绿青田;棕色的有季山出产的红木冻、紫檀冻,封门出产的酱油青田;黑色的有封门出产的黑青田;多色的有封门出产的三彩、五彩和旦洪出产的五彩冻等。

青田石以叶蜡石型为主。按矿物组成可分为叶蜡石型、迪开石型、伊利石型和绢云母型。其中叶蜡石型可进一步分为纯叶蜡石型、高铁叶蜡石型、高铝叶蜡石型和高硅叶蜡石型。纯叶蜡石型青田石以灯光冻、封门青、黄金耀品种为代表;高铁叶蜡石型以朱砂、封门黑品种为代表;高铝叶蜡石型以蓝钉、蓝星品种为代表;高硅叶蜡石型以封门雨花、千丝纹、红花青田品种为代表;迪开石型青田石以冰花灯光冻、北山晶品种为代表;伊利石型青田石以竹叶青、部分龙蛋石和黄果品种为代表;绢云母型青田石以山炮绿品种为代表。

人们多采用产地分类法来命名青田石大类是合适的。青田石种类命名与其他彩石命名不同,其他彩石多采用质地、色泽、结构来进行大类命名,例如冻石、晶石、彩石、巧石或图纹石、鸡血石等类别。青田石的产地分类法分类有两大特点:一是符合人们传统习惯,方便人们交流;二是青田石分布区域范围较广,各矿区青田石都各具特色,它们之间性质、色泽差异比较大,比较好区分,重复的青田石种类不多。进一步区分品种则可根据青田石色泽、质地、条纹和结构来命名。

一、封门青田石

1.灯光冻：石色微黄，质地纯洁，半透明状。该石因在灯光照射下显得晶莹如玉、灿若灯辉而得名。青田石中灯光冻堪称极品。通常其原石外面都裹有一层摩氏硬度达到8的坚硬外壳，其质地摩氏硬度约为2，石质细腻易于镌刻，不易崩裂，削切的石屑为连贯的片状。灯光冻产量极少，与寿山田黄、昌化鸡血并称为中国"印石三宝"。

2.鱼冻：又称鱼脑冻，即带杂质的灯光冻。色泽青色微黄，石质较为温润细腻，地子中常见有浅色斑点、格纹或杂质。半透明，温润如玉，是青田石中的上品。

3.兰花青田：又名兰花、兰花冻。白色半透明的地子上隐见嫩绿色的斑块，如兰花般柔嫩。质地较为细润纯净，通灵微透，易于受刀。但多伴生有硬石，大块难得。兰花石产量稀少，是青田石中上品。

4.封门青田：又名风门青、风门冻，色泽淡青，如春天萌发的嫩叶，有的偏黄、白。质地极为细腻，基本无杂质，石质微透明，富有光泽，软硬适宜，不坚不燥，易行刀，常有白

青田灯光冻纽章（石君斋）　　　　青田鱼脑冻纽章

色、浅黄色线纹，为青田石中上品。据说，上等封门青多产于塘中。蓝带青田、蓝钉青田也归此类。它们就是在纯净的封门青地子上伴有醒目的蓝色斑块，呈点状、带状分布，清新艳丽。但是质地软硬不一，地子易受刀，蓝色斑点（带）不易受刀。

5.青白石：青白石是青田石最具代表性的石料，色泽为青白色，质地略粗且脆软，产量大。大量青田石雕产品或普通青田石章都选用这种石材。

6.白果：色泽呈白色微青黄，质地细腻不莹洁。有人认为白果石和煮熟的白果仁颇为相近，故名。白果色彩匀净，质地结实，行刀脆爽，是篆刻家们喜爱的印材。

7.黄金耀：色泽呈黄色，质地纯净细腻，温润脆软，为青田石中珍品。属青田石中最佳的一种黄石。曾有古诗赞："直岩下，横岩腰，十万两黄金耀；谁人开得黄金耀，千贯银债一时销。"黄金耀零星分布硬岩中，块大难得，获小块也很珍贵。

8.黄果：色泽呈黄色，色彩匀一，质地结实少裂光洁，但不透明，属青田石中佳品。这种青田石与当地的一种食品"黄果"相似，故名"黄果"。

9.菜花青田：初时为青白色，石质较为细嫩，经年摩挲，色彩会日渐变深变黄。在山口一带的青田石中，属最软的印石。

10.酱油冻：色泽深褐色或深棕黄色，与酱油汤色相似，色彩有深浅多种，质地隐有细纹。外观极为古朴典雅，石质光洁细腻。

青田封门青（文墨堂）

青田黄金耀摆件《鹤》（艺海石屋）

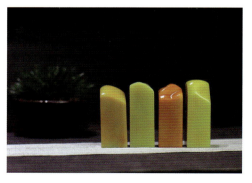

青田菜花黄素章（文墨堂）

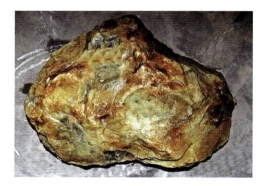

青田酱油冻超大原石（印石帝国）

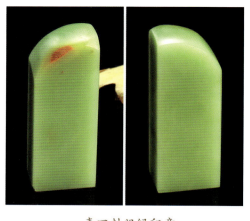

青田封门绿印章

青田封门紫罗兰印章（文墨堂）

11.酱油青田：原系黄色菜花青田，经数十年摩挲色调变深至酱色，被视为珍品。其颜色与虾油颜色相似，棕黄透明色，有点类似田黄中的肥皂黄。在手中经长期揉搓，酱油青田表皮颜色渐深，和乌黑色较为接近。如果磨掉表皮，棕黄色的晶冻就会显现出来。晶冻通体颜色均匀，十分美观。

12.朱砂青田：俗称青田鸡血石，色泽朱红色，红艳亮丽，有的质地上分布有点点、片片、团团朱砂，聚散自然。有的质地细腻光洁，但杂有少量黄色斑点，纯色者少见，是青田红色石料中的佳品。

13.封门绿：色泽鲜绿色或翠绿色，质地略显坚硬，难受刀，但较为细腻通爽。常呈蛋状夹生于叶蜡石中，有的呈斑纹状分布在灰白色硬石表面。

14.紫罗兰:色泽如紫罗兰叶色,质地较为细腻温润,有细砂,地子隐有青白色细密冻点,偶见宝蓝色。

15.蓝钉:又名蓝钉青田,俗名兰花钉。呈宝蓝色、紫罗兰色的斑点或球块为特征。外围蓝钉是由刚玉(摩氏硬度9)组成,其内部石性稍软,常见有细针状红柱石(硬度6.5~7.5)和少量的叶蜡石、刚玉。由于蓝钉坚硬,不易受刀,不能用于印章。有部分雕刻作品可巧雕,雕凿精美摆件。

16.蓝星:又名蓝星青田,在青色、黄色石料上分布有许多的蓝色星点。密度大,硬度小于4.5,宜制印章。其外观和蓝钉较为相似,矿物学上称其为蓝线石,其质地较软,容易雕刻。蓝星色泽不但绚丽可爱,易于受刀,密集分布的蓝色星点颇为好看。

17.蓝带:又名蓝带青田,色泽和质地与蓝星相似,但密集分布的蓝色星点呈带状,故名。蓝带的横断面也呈带状。蓝带色泽绚丽,质地易于受刀。

青田金玉冻地蓝星印章(文墨堂)

18.黑青田:俗名牛角冻,色泽黝黑发亮,且色浓紫而带黑,质地多温润细腻,部分石性坚硬,带有脆性。石质多无杂质,呈不透明状,富有光泽,大块者难得。石质中隐见白色横纹,横纹多环绕石身,时有纵向断续的现象。有的石质中还夹杂有其他色彩,可利用这些色彩进行巧雕。

19.封门三彩:以黑青田质地为主,石质上分布有酱油冻等冻石,常在两色间夹有一层薄薄的封门青石,也有黑、青、黄、棕、蓝多色或两色。集封门青、黄金耀、封门黑、酱油冻等名石种为一体,

青田封门兰花钉摆件《江山如此多娇》
(青石斋)

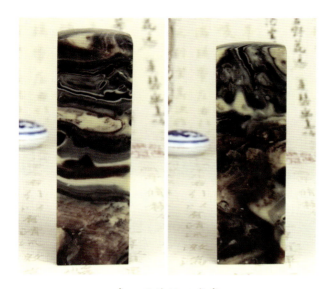

青田雨花纹石素章

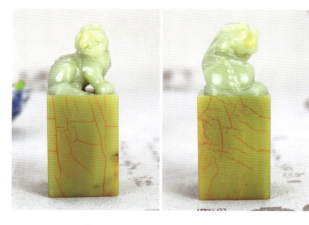

青田老莱花黄冰纹（文墨堂）

堪称石中珍品。三彩色彩丰富鲜艳，质地细腻油润，是做俏色印章、巧雕的上佳石料。

20.封门雨花：这种青田石花纹奇特，常形成各种自然天成的图案。其地子主要有青白、乳白色，花纹一般为酱紫色，石质较硬，多有细砂，难以受刀。少部分为软地，尤显珍贵。其花纹最为奇特，精致美妙。

21.冰纹封门：质地温嫩，但多裂，经长期摩挲其石纹变紫色冰纹，保存摩挲愈久颜色愈深，使其更显古朴可爱。

22.金银纹：又名彩带纹，色泽呈熟褐色，表面显现清晰黄色、白色丝纹。石质较温润细嫩，易受刀。

23.蚯蚓缕：色泽呈青色微黄，石质中隐有棕红色或青色冻质条纹，形似蚯蚓，故名。石质细润脆爽，极易受刀。

24.米稀青田：俗称米碎花，在深黄、淡褐、灰黑等色的石质中密集分布许多极细的小白点，故名。石质一般。

二、旦洪（官洪）青田石

1.洪灯光：也是灯光石的一种，色泽呈微黄色或黄色，多半透明状，石质中常见有如老南瓜丝状的丝纹,显得十分美丽。通体金黄色者为上品,有人认为,其质感比封门灯光冻还好些。

2.官洪冻:色泽青色微黄,质地较为细腻温润,多莹洁通灵,其色近似兰花。

3.兰花青:多为青色冻地,石质中分布有墨绿色花斑,似水墨泼洒在素绢上一般,显得分外文雅。石质较细腻温润,微透明。

4.麦青:色泽青色略偏灰白,石质较坚韧结实,且不莹,石质中隐见浅色花纹,石质一般。

5.雨伞撑:又名蓝冰花,在青蓝色地上分布着白色冰花,石质中有明显放射状的白色或紫色的硅线石矿物结晶体,呈伞状分布,"伞"底有一层青色冻石,其质地松散。

6.蜜蜡冻:色泽呈蜜蜡黄色,质地细嫩光洁,且通灵,易刻。

7.黄皮:内为青色石料,外裹有一层棕黄色。这与其外层长期受含铁质水液渗染有关,其质地细腻。

8.石榴红:又名红花冻石。色泽为红色间含青色,上有黄色、红色斑块、斑点。与石榴皮相似,故名。其质地细净,性脆微砂,石料较好,产量少。

9.乌紫岩:色泽黑色微紫,质地结实少裂。石质中常见有疏朗细小的白色花点。

10.满天星:熟褐色石质中布满白色小圆点,仿佛夜空中满天星斗。其质地较细腻光洁。

11.相子白:又名柏子白,色泽白净,质地

青田灯光冻(文墨堂)

青田雨伞撑方章(文墨堂)

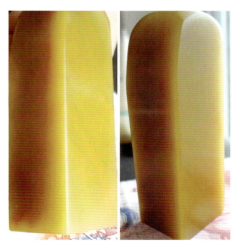

青田蜜蜡冻方章

青田柏子白方章　　　　　　　　　青田夹板石印章(青石斋)

青田封门红花冻(文墨堂)　　　　　青田封门五彩印章(松石斋)

细腻,石性脆软结实,不透明。石质中常见少数的冻点、冻线。

12.夹板黄:色泽呈深黄色,石质较细净结实,不透明。这种石料中常有少量裂纹。

13.红花青田:青白色地子上分布红色花斑,石质中隐见冻点,质地稍粗。经人为火煅后,石质更加细腻有光泽。

14.五彩冻:又称五色青田。多在黑色地子上分布红、黄、绿、紫、白等色,绚丽多彩,石质较为细润,不易风化。现在五彩冻难以见到。

青田封门紫檀《母子情》
（异石居）

青田封门紫檀（文墨堂）

15.松花冻：色泽呈青色，石质中常见有如松树花、花生壳的各种花纹，质地较细腻温嫩。

16.松皮冻：青黑色的地子上分布有黄色、淡青色的椭圆形斑点，形似松皮，故名。石质坚脆结实，少纹裂。

17.紫檀纹：色泽呈紫檀色，石质中常见有黄灰色的平行条纹，条纹粗细疏密相间，显得色调古朴典雅。石性较坚脆，结实，不莹，多有细砂，裂纹较少。

18.水草花：青色或黄色石质中隐现黑色花纹，就像水中摇曳的水草。花纹有的浮于石表，有的深入石内，质地优劣不等。

三、尧士青田石

1.尧士灯光：灯光下如碧玉一样晶莹，可透出白净的冻色。在石质中，常有针尖般细小的金银色点，就像点点星光。可分为金星灯光和银星灯光。石质柔中带脆，质感和刀感均佳，石屑呈细碎的小白片。

2.一线灯光：色泽微黄略带白，质地较细腻光洁，半透明，刀感好。常见冻石夹生在叶蜡石脉中，故又称白草冻。

3.南光青：青色明净，微冻，色偏白，常隐有白色斑纹。质地较细润纯净，石性坚韧。

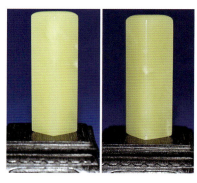

青田尧士灯光冻印章（松石斋）　　　　　青田南光青印章

青田金玉冻雕件《花开富贵》（弘石坊）

石质中常隐见一些白色斑纹。相比蓝花青田略差。

4.金玉冻：有青、黄两色，两色对比柔和，过渡自然，质地细腻，微冻，为上等石材。

5.夹青冻：色泽呈青色，夹生于灰青色粗石料中。尧士所出产的冻层呈凹凸形，局部呈块状。质地温润莹洁。

6.猪油冻：色泽为白色偏黄，石质微冻，质地较细腻洁净，石性坚脆。有较强油腻感，多伴生有硬石，多为小材。

7.黄青田：又称青田黄，色调有淡黄、中黄、老黄、焦黄，是一种普通的黄色石料，产量丰。石质较粗糙，石性脆软结实，不透明。

8.橘红：色似橘瓣，黄中透红，石质温润细嫩，通灵明净，石性脆软。为青田石中的上品，大块罕见。

9.豆沙冻：色泽呈深紫红色，像煮熟的赤豆，因而得名。石质细腻纯净，石性脆软，有光泽，无杂质，无裂纹。大块难得。

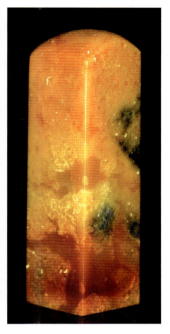

青田猪油白印章（松石斋）　　　　　青田黄冻印章

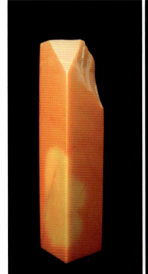

青田橘红章料　　　　　青田豆沙冻

10.紫檀花冻:呈深浅不一的紫檀色或红木色,有青色或黄色冻质花纹、斑块。质地较为细润,石质一般。多用作普通石章或底座。产量较大。

11.紫檀冻:其地子一般为紫檀色,石质细腻,不透,受刀。料中夹生淡青或浅黄色囊状、层状冻石。形多块大,是雕刻花卉的好石材。同一产地的紫檀花和紫檀冻外观相似,但夹生的浅色石料非冻石,石质一般,两者易区分。

12.水藓花:清白色地子中有水草状黑色花纹。叶茎清晰,似远古的植物化石。其实,这是叶蜡石岩层裂缝中渗入含有锰的水溶液而形成的花纹。

13.千丝纹:又名千层丝,在青黄色、淡黄色石料中分布有细密平行细纹。界线分明,对比强烈。石质细腻,结实少裂,适于奏刀。在石料剖面常呈现指纹、蚌纹等图案。

14.木板纹:在灰黄或酱紫色地子上,分布有深浅不一的木板纹似的线纹。石质较好,隐见有微小的白点、冻点。质地较为细腻。多生于岩石外表,大块少见。

15.笋壳花:棕黄色地子上有黑色花斑,如山中笋壳,得名。石质有的细腻温润,有的较粗结实,结实少裂。产量大,多用于制作石章或底座等。

16.苞米花:色泽为青白色和浅黄色,石质中分布有白色斑点和黑色花纹。因白色花纹和爆米花相似,得名。质地较细腻温润,产量少。

17.紫岩:又称沙青田。呈沙褐色,色深浅不一,多达数种,质地较粗硬,石性坚韧,石质中分布有花点,一般做底座垫。

青田千丝纹(文墨堂)　　　　　青田笋壳花方章

18.牛墩黄：色泽呈深黄色，石质一般。

19.蒲瓜白：又名葫芦白。色泽呈白色微青，质地细腻温润。石质中隐见冻质花纹。

20.秋葵：其淡黄色如秋葵花冠，色彩醒目。质地温润凝腻，坚硬，微冻。

21.猪肝红：色泽红似猪肝，色调深沉，无明显花斑，纯净光洁，结实少裂。

四、白垟青田石

1.冰花灯光冻：色泽呈浅豆青色，半透明，质地内多含片状、絮状纹，石质细腻柔和，石性与巴林石相近，纯净无瑕者为珍品。多呈层状夹生于其他雕刻石中，大块体难见。是近年新发现的品种。

2.白垟夹板冻：灰黑色或深紫色石料中，夹一层至四层黄色冻石或青黄色冻石。与冰花灯光冻相似。其石质晶莹通透。冻石厚度不等，夹板越硬，冻石越佳，因材施艺，可巧雕葡萄、花卉枝叶或藤蔓等，是青田石雕优质原料。

3.麻袋冻：深黄色的石质上布满浅黄色斑点，有的斑点稍大，粗如麻袋。石质较温润细腻，微透明，是上好印料。

4.煨红：黄色石料经火煨成红色。火煨后，质粗杂，性坚老，易崩裂，也有质地细腻纯净的煨红。还有将青白色石料放入硝酸铁溶液中浸泡待数日后，火煨后也变成红色，这种煨红的色层很薄。

5.煨黑：将青白色石料放入油类等有机质液体中浸泡，然后经火煨后变黑色，这种

青田夹板冻印章（青石斋）　　　青田黄白夹板冻雕件《报春》（异石斋）

青田老虎石原石（青石斋）

青田封门青煨冰纹大印章（黄蜡玉石）

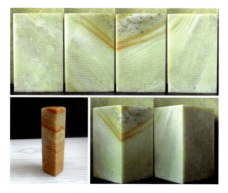

青田头绳缕方章

石材坚脆，易裂。

6.白垟绿冻：又称芥菜绿、艾叶青田。青绿色，和艾叶绿相似，质地温润如玉，细腻通透，属青田石中的上品，产量极少。

7.黑皮：石质内部为青、白、黄色，石料上有一层三至五毫米厚的黑色石料。可做巧雕石材。

8.虎斑青田：又名老虎花，石质呈淡黄棕黄色，地子上布满黑色、棕色、红棕色，因酷似虎皮状斑纹而得名。石质细腻结实，不透，做普通印材。

9.云彩花：石质中红、白、黄三彩相间，花纹卷曲如云，普通石料。

10.煨冰纹：将一些多细裂石料，经火煨热，置有色冷水中，致使发生爆裂，使其裂纹处吸入颜色，形成如瓷器开片状花纹，然后磨光表面，就能形成似瓷器菟丝样的花纹，显得古朴典雅。但是，其石质变得坚脆，易裂。

11.冰花冻：色泽呈淡青色，微黄，地子似冰如冻，可透见内含白色斑纹，石质细腻温润，是山口一带最透明之石，产量少。

12.苦麻青：色泽呈灰绿色或深绿色，色彩匀净，多石质稍粗。上佳石质较细腻脆软，结实不莹。

13.头绳缕：常见白、红、黄三色条纹。通常，深紫檀色石料中常见白色平行线纹，人称为"白头绳缕"；青白色石料中见红色平行线纹者，称为"红头绳缕"；有黄色平行线纹者，则称为"黄头绳缕"。这种石材质地稍粗结实，裂纹少。

14.青蛙子：色泽呈青色冻地，石质较细润。石质中多隐见密集的细小圆点形成的团块。圆

青田靛青花印章

青田白垟粉冻扁章（文墨堂）

点内核为硬钉，难以奏刀。

　　15.靛青花：多为青灰色地子，石质中分布有青绿色花斑，石质粗，不莹，普通石料。还有其他石种，例如白垟粉冻等。

青田老鼠坪奇纹石（艺海石屋）

五、老鼠坪青田石

1.老鼠坪冻：青色冻石常呈层状粘连于黑色石料上，也偶有黄色、红色、白色及数色相间的冻石。质地较为细腻结实，较透明。

2.老鼠坪白：色白纯净，质地细软，不透明。也有人称老鼠石。

3.猪肝红：色调深沉，质地较纯净光洁。不透明，结实少裂，无明显的斑块花点。

4.红皮：内部石质呈青色，外裹一薄层红色石料，石质一般。

5.柏子白花：白色地子上分布有黑色的斑点或斑纹。石质较细腻润软，不透明。

6.金星青田：石质中分布一些金星。这些金星是黄铁矿细粒晶体，色青绿者称为"金星绿"或"金星绿青田"。

7.老鼠坪奇纹：纹理清晰，形状奇特，往往构成奇异图案。

六、周村青田石

1.竹叶青：又名竹叶冻、周青冻，色泽呈青色泛绿，质地温润细洁、通透明净，石性坚韧。冻石多生长于粗硬紫岩中。石质中常见细小白点。大块，石色质地纯净者很难得。产于周村尖西。

青田竹叶青纽章（文墨堂）　　　　青田石红木夹板冻印章（黄蜡玉石）

　　2.周村夹板冻：紫岩上有一层约一二毫米平薄的青白色冻石。有的夹生于紫岩的缝隙处，表面较为平整，质稍次，多裂，易和另一面紫岩分离。石质细润。

　　3.周村黄：这种黄色的冻石散布于紫檀色石料中，质地较纯净细腻，光泽好，大块少见。

　　4.红木冻：红木色，比豆沙冻较红亮。其间常见青白色条状的冻石。质地较细腻，光泽好。这种石料产出较少，较名贵。

　　5.龙眼冻：俗名圆眼冻，在深紫色石质中，有桂圆状的青色、淡黄色冻石，石质细润。

周村龙蛋石雕件《福寿如意》（异石居）　　　青田豌豆冻（文墨堂）

青田周村黄龙蛋纽章(文墨堂)

6.豌豆冻:在深黑色的地子上密布青白色蚕豆状冻石,石质中有白色斑点,较脆软,有细砂。

7.葡萄冻:在深紫色地子上,散布有圆形青白色冻点,状似葡萄,因而得名。

8.龙蛋:俗名岩卵,小如蛋,大似瓜,外有紫棕色薄"蛋壳",内部裹生着不同颜色的"蛋黄"冻石。外壳有硬有软,软的受刀。内部冻石以浅黄、淡青色居多,纯净温润,为青田石之珍品。龙蛋产于周村,多堆积于高山坡积层或蕴藏地表岩石中。采石者无根可循,从山脚上逐层挖寻,甚是难得。

七、岭头青田石

1.岭头青:色泽呈灰青色,色调灰暗,质粗微砂少光泽,石性结实少裂。

2.岭头白:色泽呈白灰色,质地较粗松不莹,石性韧涩,少裂纹,欠光泽。

3.岭头黄:色泽有淡黄、中黄、焦黄等,石质较粗,结实,多细砂,欠光泽。

4.岭头红:色泽赭红偏紫色,石质较结实软脆,不透明,石质中常有细小的深色斑点。

5.墨青:灰中偏青灰色,有深有浅,常见浅色花点,质地粗,少光泽,产量较大。

6.岭头三彩:石料中有黑、白、棕三色,分层状、环状两类。另一种有黑、白、黄、紫数色层,有明显条纹。以水洞所产的质地最为细洁,其他多为常石,结实不莹。但其色调鲜明,色层分明,很有特色。

7.紫线纹:土黄色的地子上常分布有数条环形紫色纹,好似的层层涟漪。其质地较为粗实,细砂较多。

8.何幽石:色泽呈紫灰猪肝色,石质间多含小黑点,质地略粗,石性坚韧,多细砂,欠

青田岭头杞子白

青田岭头黄白冻

青田岭头绿草冻印章 紫线

青田石摆件岭头石三彩《灵芝》(石之韵)

青田岭头红花

青田岭头冰纹彩冻

青田塘古黄冻石雕《松》（异石居）

光泽。

9.云彩花：呈青色、浅黄色，散布一些紫红色斑纹，往往有黑、白、黄、红等色相间，花纹卷曲流畅。石质细腻温润脆软。产于山口、岭头一带。

八、塘古青田石

1.塘古白冻：色泽为青偏白，石质细腻脆软，温润纯净，微透明。常裹生于灰黑色硬石之内。块大者罕见。

2.塘古黄冻：色泽丰富，色似枇杷、蒸栗、橘皮等，鲜艳纯洁，石质温润，近似田黄，十分难得。

青田塘古黄白冻兽纽

九、武池青田石

1.武池白冻:俗称冻岩,色泽呈白色,质地较细腻,石性脆软。纯净块大者难得。

2.武池白:色泽呈白色略粉,石质较细腻松软,无莹,多细裂,常见冻质花纹。

3.武池红:色泽呈深红色,质地细腻、温润、光洁,地子上常见白色花斑冻点。

4.武池粉:色泽呈粉红色,石质细腻、光洁,色泽中多含浅色波纹。

青田武池红黑巧色方章

青田三彩武池粉方章

青田武池紫彩石印章　　　　　青田武池紫红奇纹石印章

5.武池黑：色泽为浓黑色，多红筋，与黑青田相似。

6.武池灰：色泽灰白或灰褐色，质细性脆，常见杂点及黑筋，产量大。

7.武池花：石料分花点、花纹。一是如水磨石地面的红底白点花；另一种像行云流水般的红底花纹。色泽深浅不一，富有变化。

8.武池紫：色泽以紫色为主，多分布有不同色的条纹或斑块，也是武池花品种。

十、其他矿区青田石

1.北山白：色泽呈灰白色，质地较为粗糙，石性坚多砂，干蜡无光，属于石中之下品。

2.北山晶：是青田石中一种透明的石材，常见白、黄色层状的冻石。质细性软，常含有暗灰

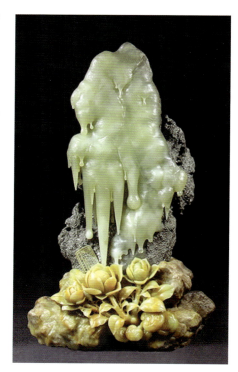

青田北山晶雕件《冰魂冰川》（石君斋）

白色硬钉。大块不多见。

3.北山红:色泽呈浅紫红色,地子中多有白色花点,质地较粗,石性坚实,多细砂,光泽差。

4.山炮绿:色泽如翡翠,异常醒目艳丽。绿色质地上散布无数的白色麻点,质细微冻,性坚脆多裂。纯净者少见。这种青田石为露天开采,料多块大。质纯净、色泽鲜明、无杂质斑点者为佳品。

5.岩门晶:岩门晶主要产自岩门蜡石矿中,岩门蜡石矿距离山口石雕城大约20公里路。岩门晶质地优于北山晶已成为人们新宠。岩门晶质地多细腻,纯净者晶莹剔透,宝光内敛。但其矿脉细小弯曲,多夹在灰色蜡石中,大料稀罕。

6.石门绿:色泽呈灰青绿色。地子多有隐见的细密白花点,石质较为细润,多小裂。

7.西山青:色泽呈灰青色。石质细腻、坚韧、微透明,地子中常见黑色麻点。石质欠佳,开采较少。

8.青田雅石:其他彩石矿区称之为图纹石或巧石。其花纹绚丽,变幻无穷,有很高的观赏价值,故名。有的开料后能显出抽象奇异的画面。有的随形稍做琢磨,即成精妙的艺术品。尽管它们石质一般,有的难以奏刀,因富有特色,其价值不逊于冻石。青田各矿均有出产。

9.小顺冻:产自青田县近邻的云和县,有上百年的开采历史,产出的石料运往青田加工。其色丰富绚丽,质细性韧,半透明状,近似寿山荔枝冻,为珍贵品种之一。按颜色分为白冻、黄冻、红冻、花冻数种。常含絮状色斑,多砂,少见纯洁块大者。

10.图书石:指一般不透明而低档的青田石。质地软硬较适中,色彩丰富,产量较大,多做印材。

青田山炮绿随形章(青石斋)

青田岩门晶原石《清风明月》，工艺美术师倪东方题（异石斋）

小顺玻璃冻雕件《虾》（艺海石屋）

十一、特殊纹理结构青田石

比较特殊的纹理结构的青田石还有不少，归纳起来有奇特纹理石、图案石、结构石、星点石、色彩石等。例如，特殊纹理的青田石有千丝纹、木纹、奇纹石等；图案有类似人物或其他相像物体的青田石有天然画面石、雨花奇纹石等；特殊结构的青田石有雨伞撑、排骨纹等；星点石有蓝星、白星、红星、金星石等；色彩石有墨韵、紫韵、紫线石，等等。

青田封门天然奇石《饮水思源》(异石斋)

青田奇纹对章(印石帝国)

青田金丝缕纹印章石(青石名印)

奇纹玛瑙冻《情侣方章》(石之语)

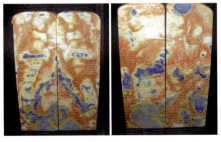

青田封门奇纹红花蓝带对章

青田石封门雨花奇纹石大三联
对章屏风（黄蜡玉石）

青田石封门雨花奇纹石超大对章

青田石封门黑雨花石水草摆件

小顺朱砂鱼籽印章《京剧脸谱色彩》(印石帝国)　　青田老封门白果排骨纹印章(文墨堂)

青田老封门紫线(文墨堂)　　　　青田紫檀冻(文墨堂)

青田菜花红星（文墨堂）　　　　　　青田菜花紫檀冻冰纹（文墨堂）

青田封门黑白（文墨堂）

第六章
青田石雕刻品种

　　青田石被人们称为"印石之祖"，有着悠久的历史，是用来雕刻图章的上佳石材，现代青田石利用更加广泛了，人们称其为"雕刻石"。从摆件到把玩件，再到饰品，雕刻品种几乎涵盖所有雕琢类别。青田石质地较软，雕刻青田石的工具也比较简单。但是，要雕刻出青田石的艺术精品却非易事。青田石雕刻品种很多，既可雕刻山子，也可雕刻普通摆件；既可雕刻把玩件，也可雕刻印章；既可雕刻挂牌，也可雕刻珠链等。归纳起来可分四个大类雕刻品种，即摆件、饰品、把玩件和印章。青田石摆件意指所有用于陈列观赏的青田石雕件，这类雕件体积往往较大，如青田石山子、大印玺、壶、盆、炉以及各种花鸟鱼虫、飞禽走兽、人物山水等造型雕件。青田石的饰品意指所有用于人们自身装饰美化的青田石雕件，这类雕件体积往往较小，例如，挂牌、挂件、珠链、手串等。把玩件就是手中把玩的青田石雕件，这类雕件体积通常小于拳头，如手把件、玉佩、腰牌等。青田石是人们用来雕刻印玺纽章的主要材料，深受文人墨客的喜爱，金石篆刻独成一派，影响甚广。

一、青田石摆件

　　青田石摆件细分有陈列摆件、用具摆件、仙人神兽题材摆件、仿古器摆件等。

　　(一)陈列摆件

　　1.山子：多采用圆雕技法雕刻。山子是其外形酷似山峰的雕件，山子可大可小，大者数米，小者数厘米。山子以立体圆雕、浮雕山水园林景观为主，缀以车船、建筑、人物和动物等，多选神话传说、名胜古迹、实物景致、花鸟鱼虫、飞禽走兽等题材。注重层次远近效果，艺术风格追求诗情画意。现代人重视青田石山子的艺术创作，出现了许多优秀作品。青田石山子常采用整块青田石雕刻，常常配有石座或木座摆放。山子的雕刻工艺是一个有难度的雕刻创作形式，山子多采用块大的石料进行雕刻，青田石材料供应的

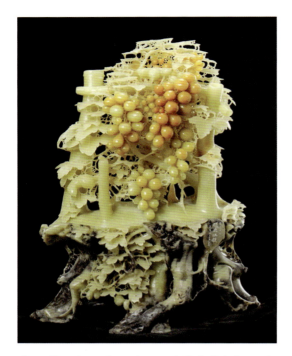

青田封门金玉冻玉雕山子《厚德载物》，因色取巧，雕刻精湛（叶碎巧作品）

青田蓝带大山水石雕摆件（异石斋）

紧张和雕刻工艺的复杂使得山子的价值一再攀升。

山子雕刻工艺博大精深，不仅对石质要求高，对雕刻者的水平和艺术修养要求也高。也许由于每个人对雕件的欣赏水平及眼光不同，对作品的品评也不尽相同。一般来说鉴赏山子要从这些方面来看：首先，观看雕件作品的层次是否清楚鲜明；其次，看整体布局是否合理、规整、流畅，亭台楼阁等建筑物是否成一平面线，是否符合透视的原理，并达到和谐的视觉效果；第三，还要看雕件作品的细部刻画是否精确、细腻、生动，主题体现得是否突出；最后，要看技师在雕刻的过程中是否巧妙地去掉了玉石的瑕疵，俏色及皮色是否运用得合理、灵活、真实。可以说山子雕刻需要青田石雕刻的最高技艺。

2.如意：如意又称挠头杖、痒痒挠，逐渐演变成吉祥物。如意呈长条形，一头上弯居多，也有两头上弯的，如意把中段上弓，如意头多是灵芝、寿桃、云龙、喜凤或喜、寿吉祥纹饰。有的如意全身雕刻。大的如意30厘米以上，小的如意可以手内把玩。如意可以陈设或把玩，也可以作为贵重赠品、婚配定礼。

青田石雕《如意》(叶碎巧作品)

"如意"一词出于印度梵语"阿娜律"。《稗史汇编》引《音义指归》:"如意者,古之爪杖也,或用竹木,削作人手指爪,柄可长三尺许,或背脊有痒,手所不到,用以搔爬,如人之意。"后来人们取其爪杖之形,做成各种精美的工艺品,用来作为送人的礼物,寓意"事事如意"。

现在常见青田石雕刻的如意,样式很多,青田石如意多是整块石料雕刻而成,形体大小都有,完全成为陈列摆件了。

3.石屏:色泽古朴、纹理俊美的青田石可以切成片材,抛光后配上支架可直接观赏和陈列。有的石屏可以浮雕各种美好的图案,也可以镌刻诗文,它们属摆件类。

4.镶嵌雕牌:又称屏雕,多用各种颜色的青田石磨成薄片或浮雕成画,然后嵌饰于漆器屏风、挂联或器皿之上。这种青田石摆件或挂屏显得富丽堂皇,很受人们欢迎。

(二)用具摆件

青田石用具类摆件常见砚台、墨床、镇纸、笔筒、笔架、笔洗、砚滴等文房用具,还有

封门石雕件《蝴蝶笔洗》(艺海石屋)

花熏、花插、香炉、花瓶、壶、盒、水盂等有一定使用价值的器具。例如：

1.笔洗：文房用具之一，笔洗非常精美别致，题材也多种多样。青田石笔洗近代多见，但用料多为中低档。

2.笔筒：文房用具之一，青田石笔筒近代也有，笔筒外围多采用浮雕工艺，题材多样，或山水或人物走兽等。青田石用料多中低档。

青田石雕笔筒

3.笔架：青田石笔架近代常见，雕刻大多为比较简单的圆雕和素雕，常见山形等形状。青田石笔架用料多为中低档。

4.墨床：摆放墨的台架，多用中低档青田石料雕刻。

5.镇纸：书画时需要镇纸压纸。青田石镇纸用料多中低档，雕刻造型可多种多样。

6.壶：青田石石壶雕件常见，但多为观赏陈列品。一般认为，青田石石壶的艺术性要从几方面展现。一只石壶的设计构思最重要，好的构思是石壶制作成功的一半。有思想的石壶作品才能被称为艺术品，才具有真正的收藏价值。石壶造型很重要，其造型的视觉效果要舒适，壶腹、壶錾、壶流（嘴）、壶盖四部分大小比例恰到好处，给人以美观、自然、得体的视觉感受。比如：壶流要成弧形状，要有动感，倒水时，水流要长而畅；壶腹要稳重；壶錾手感要好等。一只艺术性强的石壶，给人的视觉效果像是一幅立体的画，我们应该从绘画构图的审美角度去鉴别石壶的艺术价值。石壶作品上的雕刻刀功也很重要，它体现作者的心态，也反映了其技艺。一只雕刻功底好的石壶作品，给人的视觉是看不出人为的痕迹，酷似天然形成的作品。另外，还要看石壶的颜色运用，好的石壶应该恰到好处地选择不同颜色的石材雕刻。比如写实风格的石壶，不能用花巧、艳丽色彩的石材雕刻，否则就牵强附会了。如果石壶有裂纹或用胶补漏现象的，应属劣质石壶。鉴别石壶是否有裂纹或补漏，先可用壶盖轻轻敲打壶身，听其声音来鉴别，再将其放入开水中沸煮，补漏的石壶也会显原形。

7.瓶：是人们雕刻较多的一种器皿摆件，形状多种多样，分圆瓶、方瓶、高瓶、矮瓶，或高足，或细脖瓶，它们实用性较强，可作容器，也可为陈列品收藏和观赏。

8.花插：古代常见插花用的玉器雕件，造型多种多样，花插外表多雕刻浮雕图案或线刻图案。近代青田石花插也比较多，多为陈列观赏之用。

9.花熏：与镂雕的香炉十分相像，多配有镂空的盖子，主要用于点放香料。花熏雕刻难度较大，但其

青田石墨床

青田石雕《壶》（艺海石屋）

青田封门红雕刻摆件《灵芝壶》
（青石斋）

造型多精巧,雕刻精美,是高档的工艺品和实用器具。

10.香炉:香炉制作历史久远,不仅是寺院中的佛门法物,也是家中必备的供具。古时候的人,就常焚香熏居室以除邪,所以古人读书弹琴,喜欢先焚一炉香,可以净杂念而使精神集中。自古以来,华人都拜天地神祇,祭祖先;上香表示敬意,是祭拜仪式中的一个主要环节,香炉是必不可少的。香炉的款式很多,有大、小、方、圆、长短不一;质料也有铜、铁、锡、玉、石、陶瓷等。都刻着不同的花纹和文字,表示用途的差异。至于香炉的形状,因为是供奉天界神明,在八卦而言,乾为天,乾卦的形状,以圆为主,所以供奉天界神灵的金属香炉以圆形为主。供奉地界神灵的香炉,以瓷器为主,属土,在八卦而言,属于坤卦,坤为地,形状应以方形为主。所以供奉祖先地神的香炉,应以方形的瓷器香炉为主。天圆地方,这是古代人对宇宙的看法,传统风水学,亦套用了这一种看法。现代香炉多为陈列品。

11.烟缸:青田石烟缸主要用于日常,多采用石质较差的青田石雕刻而成。

12.还常见水盂等用品。

青田龙蛋石雕刻摆件《鱼花烟灰缸》(青石斋)

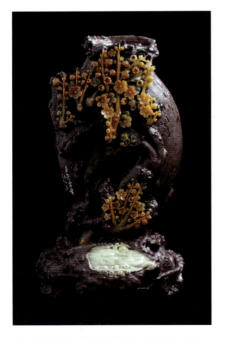

青田石雕件《梅瓶》(叶碎巧作品)

青田石雕刻摆件《青蛙水盂》(青石斋)

（三）仙人神兽题材摆件

这类青田石摆件种类最多,涉及珍禽瑞兽、人物花卉、河流山川、神话典故等题材,青田石摆件雕刻扩大了其利用价值,各种青田石基本都能用于摆件雕刻。现代人也很喜欢在居室、厅堂、办公室之中陈列一些青田石摆件,承载了人们的一些愿望和信念。常见的摆件有以下几种:

1.辟邪:传说是一种能辟邪带来祥瑞的瑞兽,头似马,张口露齿,面目狰狞,颈较长,身体臃肿,有的有翼,多作匍匐和匍行状。在古时这种瑞兽是分一角和两角的,一角的称为"天禄",两角的称为"辟邪"。现代不分一角或两角,多以一角造型为主。

2.貔貅:相传貔貅是一种凶猛瑞兽,而这种猛兽分为雌性及雄性,雄性名"貔",雌性名"貅",但现在已经不分雌雄了。也有人认为貔貅就是辟邪或四不像。据说貔貅有嘴无肛门,能吞万物而从不泻,只进不出,神通特异,可招财聚宝,给人们带来财富。现在市场上貔貅造型的青田石摆件非常多,很受人们喜欢,貔貅造型与辟邪区别不大,也有人认为辟邪就是貔貅。

3.金蟾:传说金蟾有三条腿,它能口吐金钱,是旺财之物。古代有刘海修道,用计收服金蟾以成仙,后来民间便流传"刘海戏金蟾,步步钓金钱"的传说,现代人称其为招财蟾。青田石雕件中常见金蟾造型,这一题材深受人们喜爱。

4.观音:观音菩萨,又称观世音菩萨、观自在菩萨、光世音菩萨等,从字面解释就是"观察(世间民众的)声音"的菩萨,是四大菩萨之一。其相貌端庄慈祥,经常手持净瓶杨柳,具有无量的智慧和神通,大慈大悲,普救人间疾苦。当人们遇到灾难时,只要念其名号,便前往救度,所以称观世音。

民间相传,说北宋有位妙庄王,生了三个女儿,名妙因、妙缘、妙善。三个女儿都到了出嫁的年龄,大女儿、二女儿都高兴地嫁出去了,可三女儿妙善却执意出家。庄王大怒,把妙善赶出王宫。妙善

青田蓝星《貔貅》(叶碎巧作品)

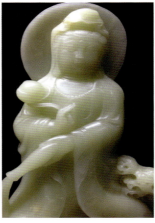

青田石雕《观音》（艺海石屋）

青田石雕《罗汉佛》（艺海石屋）

就到深山修行，成为香山仙长。后来庄王得了重病，危在旦夕，需要亲人的一只手、一只眼来做药引子。大姐、二姐都不肯作出牺牲，只有出家修行的妙善献出了自己的手和眼，救了父亲的命。佛祖被其孝心感动，便赏她一千只手和一千只眼，使之成为千手千眼的观世音。

现代以观音为题材的青田石雕件非常多。历史上，观音题材成为各种玉雕主流是受佛教影响，唐宋石刻观音像很多，这对观音玉雕起到推动作用。青田石观音摆件也是非常重要的一种雕刻题材。

5.佛：即如来佛祖，就是释迦牟尼尊者，传说佛祖在西牛贺洲天竺灵山鹫峰顶上修得丈六金身，神通广大，法力无边。历史上确实有如来佛祖其人，他是古印度迦毗罗卫国的王子乔达摩·悉达多。后外出修行，终成正果，创立了佛教。悉达多出生于公元前6世纪，他曾在19岁时娶妻，并生下一子。后离家修行，于农历十二月初八成佛。

6.菩萨：佛教中菩萨的地位仅次于佛，是协助佛传播佛法、救助众生的人物。菩萨在古印度佛教中为男子形象，流传到中国后，随着菩萨信仰的深入人心及其对世人而言所具有的深切的人情味，便逐渐转为温柔慈祥的女性形象。佛教雕塑中，菩萨多以古代印度和中国的贵族的服饰装扮，显得格外华丽优雅。寺庙中供奉的菩萨像，主要有文殊、普贤、观世音、地藏。

7.罗汉：是阿罗汉的简称，有杀贼、应供、无生的意思，是佛陀得道弟子修证最高的果位。罗汉者皆身心六根清净，无明烦恼已断（杀贼）。已了脱生死，证入涅槃（无生）。堪受诸人尊敬供养（应供）。于寿命未尽前，仍住世间梵行少欲，戒德清净，随缘教化度众。

现代人对佛、菩萨、罗汉都非常崇敬和喜欢，这些摆件成为人们珍藏祭拜的瑞器，民间常说"男戴观音女戴佛"，意喻男士要多行善，女士则要胸怀宽厚。如今青田石雕刻的佛、菩萨、罗汉的造型各种各样，形体繁多，既可作摆件，也可为佩饰、挂坠。

青田白垟冻石五彩线刻《五百罗汉》（小莉石家）

青田龙蛋石雕刻摆件《寿星》（青石斋）

8.寿星：星名，中国神话中的长寿之神。本为恒星名，为福、禄、寿三星之一，又称南极老人星。明朝小说《西游记》写寿星"手捧灵芝"，长头大耳短身躯。《警世通言》有"福、禄、寿三星度世"的神话故事。画像中寿星为白须老翁，持杖，额部隆起，是长寿老人的象征。常衬托以鹿、鹤、仙桃等物，象征长寿。目前，这类青田石雕题材运用非常多，造型千变万化，常与福、禄、寿三星一起为雕刻题材。体量可大可小，可做摆件，也可以是手把件，甚至可以做挂件。

9.财神：月财神赵公明被奉为正财神，刘海被奉为文财神，钟馗被奉为赐福镇宅的武财神。相传月财神姓赵名公明，又称赵公元帅、赵玄坛，长安周至县赵代村人士，与文财神刘海共同修道于陕西西安户县石井镇阿姑泉。武财神钟馗故里欢乐谷，故户县被称为财神故里、财神之乡。在《真诰》中赵公明为五方诸神之一，即阴间之神。后在道教神话中成为张陵修炼仙丹的守护神，玉皇授以正一玄坛元帅之称，并成为掌赏罚诉讼、保病禳灾之神，买卖求财，使之宜利，故被民间视为财神。其像黑面浓须，头戴铁冠，手执铁鞭，身跨黑虎，故又称黑虎玄坛，是中国民间供奉的招财进宝之神。这类青田石雕题材也比较多，造型多变，常见有摆件、手把件。

10.善财童子：现在青田石雕刻中常见童子形雕件，多是圆雕的手把件或浮雕挂牌。传说中的仙童有善财童子，还有和合二仙等。善财为文殊菩萨曾住过的福城中长者五百童子之一。出生时，家中自然涌现许多珍奇财宝，因而取名为"善财"。不过善财童子却看破红尘，视钱财如粪土，发誓修行成就道业。文殊菩萨在一次说法时，善财童子前往请教如何修持菩萨道，在文殊菩萨的指引下，善财童子开始参访五十三位善知识，创造了佛经中"善财童子五十三参"的佳话。他在普陀洛迦山拜谒观世音菩萨，得到指点教化后成为菩萨。

11.和合二仙：和合二仙常呈童子状或僧状，犹如蓬头之笑面神，一个持荷花，一个捧圆盒，意为"和（荷）谐合（盒）好"。

青田龙蛋石雕《和合双仙》（叶碎巧作品）

婚礼之日必挂悬于花烛洞房之中，或常挂于厅堂，以图吉利。在我国传统的婚礼喜庆仪式上，常常挂有和合二仙的画轴。画轴之上两位活泼可爱、长发披肩的孩童，一位手持荷花，另一位手捧圆盒，盒中飞出五只蝙蝠，他们相亲相爱，笑容满面，十分惹人喜爱，人们借此来祝贺新婚夫妇白头偕老、永结同心。他们亦称"和合二圣"。这种题材在青田石雕刻中也十分常见，多是雕刻成摆件，也可浮雕、薄意在挂件或山子上。

还有许许多多的日常用品，如瓜果鲜蔬、祥瑞花卉、景致楼宇、梅兰竹菊、珍禽神兽

青田石皮蛋绿雕摆件《香瓜》(青石斋)

和神话典故题材都在青田石摆件中得到表现，这类题材将在下面章节中详细介绍。

（四）仿古器摆件

仿古玉器雕刻扩大了青田石雕件品种，过去古代的鼎、觥、瓠、樽、爵等铜器，还有璧、琮、圭、璋等玉器都成为青田石雕刻的仿品。这类青田石仿品古香古色，颇受人青睐，常见仿古青田石品种如下：

1.鼎：鼎是青铜器的最重要品种之一，古时最早是用以烹煮肉和盛贮肉类的器具。后来，鼎成为最常见和最神秘的礼器。一般来说鼎有三足的圆鼎和四足的方鼎两类，又可分为有盖的和无盖的两种。有一种成组的鼎，形制由大到小，成为一列，称为列鼎，列鼎的数目在周朝时是代表着不同身份等级的。列鼎通常为单数。据文献及考古发现九鼎应为诸侯之制，七、五鼎为卿大夫，三、一鼎为士级。但天子之制为十二鼎，是双数。传说夏禹曾收九牧之金铸九鼎于荆山之下，以象征九州，并在上面镌刻魑魅魍魉的图形，让

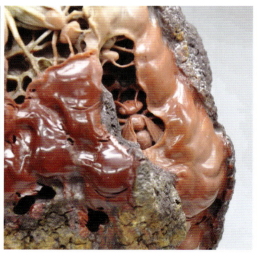

青田龙蛋石石雕精品摆件《蜂巢》(异石居)

人们警惕,防止被其伤害。自从有了禹铸九鼎的传说,鼎就从一般的炊器发展为传国重器。中国历史博物馆收藏的司母戊(或称后母戊)大方鼎就是商代晚期的青铜鼎,长方,四足,高133厘米,重875千克,是现存最大的商代青铜器。鼎腹内有"司母戊"三字,是商王为祭祀他的母亲戊而铸造的。清代出土的大盂鼎、大克鼎、毛公鼎和颂鼎等都是西周时期的著名青铜器。鼎和其他青铜器上的铭文记载了商周时代的典章制度和册封、祭祀、征伐等史实,而且把西周时期的大篆文字传给了后世,鼎也因此更加身价不凡,成为比其他青铜器更为重要的历史文物。青田石雕刻的鼎已有很大变化,常见它们运用在仿古纽章上。现代一些青田石鼎造型多有变形而精美,体积较小,主要作为陈列观赏。

2.爵:古代饮酒器,青铜爵最早出现于夏代晚期,盛行于商代晚期。爵的基本形制是前有流,即倾酒的流槽;流与杯口之际有两注,后有尖锐状尾,中为杯,一侧有柄,下有三足。爵也是现代人用青田石仿制雕刻的观赏陈列品,多有变形。

3.璧:璧是礼玉重要的玉器之一,玉璧存在时间很长,从石器时期到清朝,都有玉璧出现。"和氏璧"和"完璧归赵"的故事几乎家喻户晓,可见玉璧对现在仍有影响。璧起源于新石器时代,有人认为璧是由研磨谷物的石环状石器演变形成。也有人认为玉璧可能源于圆形石斧等原始工具。璧的形状为圆形扁平体、中部挖空。《尔雅·释器》:"肉倍好,谓之璧;好倍肉,谓之瑗;肉好若一,谓之环。"圆形璧面实体部分称为"肉",中心孔洞称

"好"。上文意思是肉大于好一倍者称璧,好大于肉一倍者称瑗,肉好相同者称环。其实考古发现三者之间划分不是很严格,这里的瑗和环均属玉璧类。据推测璧的造型来自古代天圆地方的宇宙观念,用以象征太阳和天宇。据《周礼》记载,璧为祭天的礼器。实际上玉璧应用范围非常广泛。璧可以作为权力等级的标志,既可以佩带,也可以随葬,同时又是社会交往中的馈赠品和信物。

璧分拱璧、系璧两类。拱璧为持握、供奉的礼器,包括大璧、谷璧、蒲璧。大璧是天子礼天的用器,诸侯献给天子也要用大璧。谷璧璧面满雕纵横排列有序的饱满谷纹,寄托对风调雨顺、五谷丰收的愿望。蒲璧璧面蒲纹为瑞草,象征草木繁茂、欣欣向荣,拱璧的形制、色泽与纹饰都与礼天的礼仪有一定联系。

现代青田石仿制古代玉璧的造型多有变化,往往雕刻纹饰更加繁缛而精美,青田石玉璧多作为观赏陈列和把玩之物。

4.琮:古书记载"以黄琮礼地",表明其祭地礼器功能。琮也大量出现在墓葬中,表明

青田封门三彩石摆件《喜上眉梢》(异石居)

青田石蓝带摆件《螭虎戏玉璧》

其又具有殓葬用途，过去玉琮与崇拜信仰有关，是社会需要和精神信仰的产物。有的琮上雕刻的神人兽面纹表现出原始图腾崇拜思想，同时玉琮也是权力和地位的象征，只有贵族和有地位的人才能拥有琮。琮起源于新石器时代，到汉代时就基本不见了。琮均为四方柱体，中心通孔，表面常阴线刻有饕餮纹饰。琮大小差别很大，有的琮只有一节，最多的有十九节。有一种琮为宽短琮(璧琮)，因其俯视近似璧，故又称璧琮。其琮体宽度大于高度，一般分两节，四角琢饰兽面纹，中心为贯通的圆孔。这种琮是由璧的加厚而成，还是由圆筒形镯发展而来，需进一步考证。

利用青田石仿古代琮的形制雕刻的琮造型多古朴、纹饰多繁缛，为现代人所喜爱，大者为观赏陈列品，小者多为把玩物品。表面纹饰多浮雕成节状或浮雕成龙虎图案。

青田石仿古雕刻题材还有很多，如玦、璜、璋以及一些青铜器博古纹等雕件。

二、青田石饰品

青田石饰品主要是挂件、挂牌、手串、珠链等。

1.挂件

青田石挂件就是用青田石雕刻而成的饰品，通常用绳来拴挂，或挂在脖子上或系在腰间。青田石挂件有圆雕品种，也有浮雕品种，圆雕的青田石挂件，常见有观音、佛，以及各种祥瑞花草、神兽或神话典故等，还有貔貅、金蟾、鹰、虎等圆雕挂件。

2.挂牌

挂牌多有浮雕的图案，每种图案都有不同的寓意，都是企盼吉祥幸福、崇善向上、避邪祛病等题材。一些用青田石冻或晶石雕刻精美而通透的挂件，很受人们喜爱。

3.手串

手串过去叫佩珠，以十八颗珠子最为普遍，俗称十八罗汉，是佛珠的一种，主要戴在手腕上。时下许多并非信仰佛教的男女，皆以佩带佛珠为荣，使佛珠俨然成为一种时尚饰品。佩珠由一个母珠(俗称佛头，有三个孔，用于把一串珠子打结)和其他子珠组成。母珠通常比子珠大一些。现代青田石手串比较流行，但多数青田石手串已没有佛头，且珠子数量也不尽相同。

4.珠链

常见有青田石磨制的珠链，主要挂在脖子上作为饰品。珠粒可大可小，粒数可多可少，多适合佩戴。

三、青田石把玩件

青田石把玩件类别比较多，体积较小而精致，表面光洁而温润，是讨人喜欢的小件雕刻工艺品。包括把件、佩、牌、印玺、如意等，都可属把玩件范畴。

1.把件

这里的把件主要指的是圆雕的青田石雕件，青田石把件多是拿捏在手中把玩的，体积一般不超过10厘米，恰好能握在手掌中把玩。把件题材很多，人物神仙有佛、寿星、钟馗、达摩、童子、仙翁等；动物神兽有龙、金蟾、貔貅、马、牛、熊、虎、鹰、鱼等；还有神话故事、历史典故等众多题材的把件。近代还出现许多仿古代玉器的青田

青田蓝星冻石雕挂件《金枝玉叶》

青田石珠链挂牌

青田石竹叶青雕刻牌子(青石斋)

青田蓝星貔貅把件（叶碎巧作品）

青田石系璧

青田封门二彩雕件《如意龙》（石君斋）

石把件，如璧、琮等。这些把件既可以拿捏在手上把玩，也可悬挂在小木架或博物架上陈列观赏。

2.玉佩

青田石佩是把玩件中较多的类别，主要挂在人的腰间，也常在手中把玩。佩还有挂件、玉坠等。这里的佩其实就是体积较大的挂件，不是挂在胸前，主要是挂在腰上的饰品。多数佩造型精巧圆润，因便于腰间别坠，也称腰坠。多采用圆雕手法，也有镂雕，造型题材非常多。古今玉佩题材常见"福禄寿""喜上眉梢""年年有鱼"等，还有菩萨、观音、罗汉、仙子等。

3.玉牌

青田石牌也是佩的一种，牌与佩区别在于，前者实体浮雕居多，且体形方正有形，当然也有六边形或圆形牌。牌呈片牌状，多整体透雕、圆雕，上面多有浮雕文字、纹饰等。其实现在的玉牌也是多种多样，有浮雕牌、镂雕牌、光牌，还有花卉、动物、人物、典故、文字等各种玉牌。青田石牌多为浮雕，透雕较少见。

4.系璧

系璧形制较小，一般直径为10厘米以内。用作佩饰，系于腰部。系璧是从礼器玉璧演变而来，已经失去礼仪之意。有的为圆形璧，圆形出廓璧，有的变形为椭圆形璧，系璧上的纹饰多变，但传统的谷纹、卷云纹、乳丁纹、螭龙纹常见，有的系璧还有吉祥文字图案。这种系璧也是一种把件,可以放在手中把玩。

5.龙钩

这是一种带钩,多雕刻成龙形,故称龙钩。龙钩因其钩多做成螭首,螭是古时传说中无角的龙,钩身部爬着的类似蜥蜴的神兽在铜器、玉器上叫螭虎。

青田石龙钩多是仿古制雕刻的,已经失去原有的功能,成了人们的陈列观赏品或把玩件。带钩造型多精巧美观,还常采用巧雕,故很受人们喜欢和收藏。

6.佛珠(念珠)

这主要是佛教人士佩戴之物,最上品的念珠是 1080 粒,这种念珠,因太长,或供极少数大德高僧和潜修者使用。上品的念珠为 108 粒(密宗行者为 110 粒),中品为 54 粒,下品为 27 粒。另有 42 粒、21 粒、14 粒及净土宗的 36 粒、禅宗的 18 粒等共 9 种。108 颗佛珠是最为常见的数目,为了表示求证百八三昧,断除 108 种烦恼,从而使身心能达到一种寂静的状态。通常念珠串由一个母珠(俗称佛头)和其他子珠组成。母珠不计入 108 的数字内, 如 108 粒的珠串就是母珠和 108 粒子珠。18 粒的珠串也是母珠和 18 粒子珠。上品念珠还有加珠,加珠的材料颜色通常与子珠不同,而且一般比子珠要小一点。108 粒珠串的加珠一般是 3 粒,从母珠旁边的子珠开始,每隔 36 粒子珠有一粒加珠。18 粒和 21 粒的通常不配加珠。母珠或加珠一般都是高档材料制成,如翡翠、珊瑚、碧玺、白玉等,显得非常高贵而有尊严。

四、青田石印章

如今,青田石印章以其温润色艳、隽秀雕刻闻名天下。青田石质地温润细腻,色泽丰富斑斓,是中国"四大名石"之一,被评为国石候选石,深受雕刻家、收藏家和彩石爱好者的青睐。印章是一种小巧玲珑的艺术品。它集书法、绘画、篆刻于一身,借助印材、印纽、款式等多种形式,从多侧面、多视角展现一个奇美瑰丽的艺术世界。目前,青田石印章主要分素章和雕章两大类。

素章就是没有任何雕刻的图章,式样有长、短、大、小、粗、细。常见正方、长方或扁方,还有圆、椭圆和异形的书法章。有顶弓下平的单面章,有不分上下头的六面方。小的图章只一厘米见方,大的狮印边长达十几厘米。一般 1.8 厘米×7 厘米和 2 厘米×8 厘米

青田石封门青《鲤鱼纽章》(青石斋)

最合适，也最雅观。图章品种有单章、对章、组章，以及成套八宝章、十二生肖章和各式印盒章，也有子母套章。印盒章是多枚印章(5枚~12枚不等)长短一致，大小方圆搭配，装成一盒，每枚章都对号入座，插在盒底的印孔里。雕刻印盒要求较高，印章与印孔大小要吻合。部分青田石印章，不雕不琢，完全靠自身的纹理、色彩显其天然的美丽。近几年人们对青田石、寿山石、巴林石、昌化石等名贵彩石所持有的观念在悄悄地演变，过去人们认为"玉不琢，不成器"，而今却追求尽量保存这些名贵彩石的原石形状，或仅作细微

青田石红缕纹《古兽纽章》(青石名印)

雕刻。对于一些名贵彩石在没有精心相石、绝妙构思前是不动手雕刻的。灯光冻、封门青、黄金耀是青田石素章中的佳品。

青田石雕章与其他彩石雕刻方式基本相同，主要分圆雕、浮雕、平雕三种。圆雕分仿古雕刻和新式雕刻。古代印章皆有纽，从简单的直柄鼻纽到生动的龟、螭纽等。古代印纽皆为圆雕，样式可分为器具、建筑和动物三大类。新式印雕比古代印雕在雕刻部位和题材上有所创新，出现了人物、瓜果、鸟虫等题材，使印雕题材更加丰富。

浮雕分薄意雕、浅浮雕、深浮雕。薄意是一种薄浮雕艺术。由于雕刻层次极浅，薄又富有画意，故称薄意。薄意雕刻法可以更好地保护珍贵的印体，又富有精美的艺术，二者兼得。低浮雕的雕刻深度即雕刻景物

青田三彩印章石《弥勒佛纽》(青田名印)

青田封门青《神兽纽》印章(石之韵)

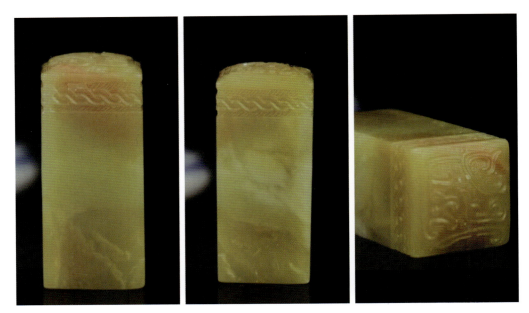

封门冻石博古纽章(青石名印)

的突起感介于薄意与高浮雕之间。高浮雕的雕刻深度较深,突起更加明显,具有一定立体感。

　　平雕就是以刀代笔进行平刻,在印石表面阴刻图画或书法的技法。它重点在绘画、写字的效果,没有浮雕的立体感。平刻以阴刻为主,通过刀刻的点、线、面表现景物。为了增强平刻的书画效果,多选用单色印石,有的作品还可着色,色彩有金粉、银粉、赭石等,使平刻书画更加醒目。平刻有线刻、点刻、微刻等技法。线刻可分为白描刻、素描刻、书刻三种手法。点刻即是用点来表现画面,微刻技法十分玄妙,印雕中不必过分追求微小,一般以能适应肉眼观赏为好。

　　对印章的审美要多方面考虑,从印体工艺和印纽雕作的角度看,要求材美工巧,具有平滑、光润、均衡、敦实、稳重而又具变化的美感特质。从印纽的造型来看,式样繁多而形式多变,或敦厚庄重,或秀美飘逸,动物式纽有螭、虎、龟、狮、虎、凤、蛇、兔、羊、马、橐驼等,器物式纽有圭、瓦、环泉、覆斗等;建筑式纽有坛,台、桥、亭等。印章是文人墨客常用的文房用具,而玉玺属于皇室成员之物,自秦以玉玺代表皇权以来,玉玺一直为皇室沿袭。现代许多书画家都有各种各样的青田石印章,印章种类较多,其用途也不同,这是书画篆刻的创作中不能缺少的。

　　印纽是古玺印很重要的组成部分,古玺印无论官、私,一律系绶佩带,所以匠人制印必做纽。印纽在长期发展过程中衍生出多种品类和样式,别具艺术特色。人们认为印章产生于先秦。先秦古玺无特定纽制,印纽制作服从于简单实用的需要,故多做鼻纽,只有个别印做柱形、人形、兽形和觿形纽等。史载三代有龙虎纽和以龟纽为贵的情况。在和氏璧出现之后,秦统一了中国,用和氏璧雕琢了传国玉玺,这可能是关于印章最为出名的故事了,传国玉玺的出现成为世代诸侯帝王争夺的焦点,玉玺成为一种权力的象征。据说,汉代皇帝有六玺,包括皇帝行玺、皇帝之玺、皇帝信玺、天子行玺、天子之玺和天子信玺,均由白玉雕琢而成。至今公章仍然是国家权力的象征,私章是个人身份的象征,画家、书法家的书画作品都要钤印自己的名号,表明字画的创作者,他们的印章和篆刻的文字也是艺术品。秦汉印的艺术性很强,成为我国后世篆刻家效仿和学习的经典。隋、唐以后朱文印十分流行,多为官印。这时有姓名印,还有斋馆名号印、收藏鉴赏印、词句印或闲章以及花押印等印章。随后年代的印章进入了艺术的殿堂,其艺术性可以与书法、绘画并列,宋元以前的印章,多实用性质。据说,元代时期官吏多不识字,于是就在印上刻花押来代替姓名,所以印章也称"押"或"花押",这种押需要皇帝特赐才能使用。明清时期篆刻艺术已经成为金石学,许多书画艺术家都参与金石方面的艺术创作,有的篆刻艺术造诣极高,如赵之谦、吴昌硕、齐白石

青田玻璃地蓝星辟邪纽章(文墨堂)

等,他们的篆刻作品艺术水平极高。

其实,玺印究竟产生于什么时期,目前尚无定论,但在汉人著《春秋运斗枢》曾记载:"黄帝时,黄龙负图,中有玺章,文曰'天王符玺'。"黄帝时期文字尚未出现,这一记载不可信。但是,在河南安阳殷墟中出土了三枚古玺,表明商周晚期就有印玺了。《说文解字》卷九:"印,执政所持信也",卷十四:"钮,印鼻也。"古时官员常把玺印佩于腰便于随时使用,为了系绳特将印玺制钮孔。先秦的鼻钮、台钮、覆斗钮形式比较简略。汉代印钮艺术快速发展,这时的印钮上造型古拙浑厚,雕刻题材比较丰富。秦汉以后一直到明清,印章钮制甚为复杂,在方便实用之外,还多以各种形制作为官职大小和身份高低的象征。汉代是印章发展的鼎盛时期,印钮的形制已有二十来种,品类之多,形式之美,都是空前绝后的。汉代多以印钮上的兽形表示官阶。例如,皇帝玉玺虎钮,皇后金玺蛇钮,诸侯王金玺驼钮,皇太子、列侯、丞相、太尉、三公、左右将军金印龟钮,食禄二千石银印龟钮,千石至二百石以上铜印鼻钮。魏晋南北朝以后,印钮艺术没有太大发展。汉印钮式有较大的演变。例如,鼻钮,此式先秦已常用,从秦汉到近世一直流行。汉以后,鼻钮一般用于官位不高的官印和私印。鼻钮式样的前后有变化。早期穿孔较小,秦汉以后渐大些;隋唐官印的鼻钮显得扁薄高峻,穿孔位低;西夏首领官印的鼻钮则另有一式。瓦钮,这是鼻钮的一种发展,钮孔较大,形如筒瓦。瓦钮流行时间长,从秦汉官、私印一直沿用到明清私印。瓦钮的跨度大到与印边相接,则又称为桥钮,多出现于汉以后的私印中。坛钮,又称作覆斗钮,形如一斗倒覆,汉魏玉印多用此式。坛钮的发展呈多层台相垒,台上有柱钮或鼻钮,称作台钮,多见于元官印。龟钮,此式在官印、私印中都有,代表了一定的品级,表明身份高低。《淮南子·说林训》云:"龟钮之玺,贤者以为佩。"魏晋龟钮,比起其印文,制作更加精良,形状也与早期不同,龟身隆起,四足直立,不作早期的低伏状。古时玺印有几种较少见的钮式。

动物形钮如蛇钮,初见于汉前期,主要颁给西南夷的少数民族头领。还有驼钮、羊钮等,在汉、魏、晋时多颁给西北少数民族头领,钮制同时也反映了少数民族地区印章的一些特征。秦汉的螭虎钮和唐以后的龙钮,皆为帝王玺印特定的钮式。马钮见于十六国赵官印上。鱼钮最早出现于汉初官印。总之,私印中多各种动物形钮,除上述之外,还有狮钮、鹿钮、象钮、蛙钮、鸟钮、盘龙钮以及形状类狮形的辟邪钮等。

器物形钮包括环钮、觯形钮、带钩钮、钏钮、钱钮等,或为佩带方便,或为一物两用。

官印至隋唐以后不再佩带,便无须穿孔、系绶,纽变成短矩形的把手,无特定名称。杞纽,是在此基础上发展起来的明清官印纽式。明末清初篆刻艺术迅速发展,此时印纽更是得到清代历任帝王的钟爱,一些雕刻大师专门为宫中雕刻玺印,并为后人留下许多精美的印纽艺术品。

现在,青田石以其脂润如玉、柔而易攻、色彩斑斓备受各方青睐。青田石印章多刻薄意,且多雕印纽,纽饰有古兽类的狮、龙、凤、螭虎、饕餮、辟邪、麒麟、甪端、鳌;动物类的象、熊、龟、蝙蝠,以及十二生肖等,还有人们喜闻乐见的人物纽、花果草虫纽,而且按印章的颜色取巧,巧色印章备受珍视,价值亦数倍于一般印章。

印纽常雕为饕餮,饕餮是传说中龙的第五子,是一种想象中的神秘怪兽。古书《山海经》介绍其特点是:羊身,眼睛在腋下,虎齿人爪,有一个大头和一个大嘴;十分贪吃,见到什么就吃什么,好自积财。后来形容贪婪之人叫"饕餮"。古代钟鼎彝器上多刻其头部形状作为装饰。青田石印章纽也常见饕餮纹博古造型。

甪端印纽也常见,甪端是中国古代传说中的一种神异之兽。《宋书·符瑞志下》:"甪端者,日行万八千里,又晓四夷之语,明君圣主在位,明达方外幽远之事,则奉书而至。"故宫太和殿两边就用甪端来护卫,显示皇帝为有道明君,身在宝座而晓天下事,做到八方归顺,四海来朝,圣明地治理天下。甪端和麒麟是我国古代民间臆造的,象征吉祥如意,风调雨顺。甪端形状怪异,犀角、狮身、龙背、熊爪、鱼鳞、牛尾。青田石印章上常以甪端造型刻制印纽。

螭纽最为常见,螭是古代传说中的一种动物,属蛟龙类。《说文·虫部》有释:"螭,若龙而黄,北方谓之地蝼。"其形盘曲而伏者,称蟠螭。躯体比较粗壮,有的呈双尾状。螭纹最早见于商周青铜器上。是和龙纹非常接近的一种题材,故又有"螭虎龙"之称,尾部同样有拐子型和卷草型之别。螭虎是战国之后玉器中常见的异兽,汉以后,螭虎使用得更为广泛。《宋书·礼志五》记载:"初(汉)高祖入关,得秦始皇蓝田玉玺,螭虎纽,文曰'受天之命,皇帝寿昌'。高祖佩之,后代名曰传国玺。"汉人崇尚螭虎。班固《封燕然山铭》有"鹰扬之校,螭虎之士"的句子。由此可知,螭虎在中华民族的古老文化中代表神武、力量、权势、王者风范。这也是青田石印章纽中经常采用的雕刻造型。

如今,青田石印纽在继承传统基础上也有较大创新,当代青田石雕刻家在印纽创作中,善于将传统的古代纹饰与现代美学观点结合起来,使得印纽艺术有了新的发展。但

青田龙蛋石随形章（青石斋）

是,目前作为陈列摆设的大型纽章,还有一些链章如三链章、九链章,基本没有实用价值,主要用途就是观赏。

通过许多年发展,印章纽形制很多,归纳起来有八大类:

一是古兽类,其中以古狮、螭虎最为常见。其他还有龙、凤、螭虎、麒麟、辟邪、貔貅、甪端、饕餮、鳌、蛟等。古兽纽饰在青田石印章中最为常见,且造型极为丰富。

二是动物类,常见龟、蛇、虎、象、熊、豹等,还有生肖纽。

三是飞禽类,常见鸡、鸭、鹅、鹰、鹤、喜鹊等。

四是鱼虫类,如鲤鱼、金鱼、螃蟹、蝉等。

五是人物类,多以仙佛形象为主,如弥勒、罗汉、寿星、八仙、仙童、仙姑等。也有一些

青田菜花黄系列神兽纽章（文墨堂）

青田封门红花冻神兽纽章（文墨堂）

巴林金银冻石纽章　　　　　　　青田金玉冻神兽纽章

青田岩门玻璃冻印章（石之韵）

古代名人、圣贤等人物,还可以人兽结合,如降龙神仙、伏虎罗汉、刘海戏蟾等。

六是花果类,常见牡丹、玉兰、荷莲、菊花、水仙、梅花、桃子、南瓜、佛手、石榴、葡萄等。

七是博古图案类,平顶印章多刻博古图案纽,如夔龙、夔凤等,其技法为浮雕、阴刻、线刻三种。

八是器物类,如钟鼎彝器、古钱、瓦当、斗台、寿字、亭台楼阁等纽饰。

印台有平台、覆斗台、坛台、天然台四种。平台青田石印章又有刻边与不刻边之分。刻边,即在台下的四周施加阴刻或浮雕的纹饰,如夔龙、蟠龙纹、凤纹、鸟纹、兽纹、云纹、雷纹等。

素章、椭圆章、随意章运用更加广泛,可以适合各类人群需求。随形章多根据原石形状打磨而成,有的还在其外表进行薄意雕刻,使其更具艺术性。还有对章、套章、链章等等。

第七章
青田石的雕刻工艺及题材

　　青田石雕刻与其他彩石雕刻方式基本相同，不仅工具一样，雕刻技法也相似、相通。通常，青田石雕刻之前要进行相石和题材构思，然后将构思好的图案描在原石上，再根据描图先用卡凿凿出粗坯，雕刻出大体轮廓，然后用手凿深入刻画，最后经修光、磨光、上蜡而成。有时青田石原料体积比较大，需要进行切割细分，还有一些石料并非都是好料，石性重的部分也需要切除，这时往往需要用电锯切割或用卡凿剔除。

　　其实，青田石雕刻工序中，最重要的是青田石雕的题材选择和造型构思。行家常说"因势取材，因材施艺"和"七分相，三分雕"，可见相石的重要性。青田石原石的形状和质地、色彩有很大差异。雕刻师要根据其形、色、质考虑雕刻的题材、形式和表达的内容，显然青田石雕刻创作构思，不同于书画创作，书画家用的纸、墨、色、形是可变的，而雕刻用的石材是固定的、不变的。相石成败对作品的创作是否完美有决定性的作用。创作构思需要灵感，灵感来自丰富的知识。任何玉雕在雕刻之前都需要设计，雕刻师的构思、设计和创造是无法替代的。青田石雕刻也需要量料取材，因材施艺。

正在进行剔除操作

剔石工具卡凿

青田石雕刻：相石描样、打坯、粗细雕刻、精雕抛光（张建荣创作）

首先，要根据石料大小、颜色、质地、纹理来构思和设计，甚至一些石质上出现的砂钉或绺纹都要考虑。青田石有千般颜色、万样石质，雕刻设计必须因材施艺，要最大限度表现出青田石的美质。其次，青田石的雕刻加工技术是否精湛也非常重要，优秀雕刻技师能准确地将设计思想完美表现出来。显然，需要精巧的构思和精湛的技术才能雕刻出精美的青田石艺术品雕件。

青田石上刻出栩栩如生的各种物象，严谨的艺术构思最重要，要把青田石原石的

青田蓝花钉巧雕《珊瑚鱼遨游四海》(石君斋)

质、形、色结合起来考虑。相石过程中看形、辨质、观色、查纹是关键环节。拿到一块青田石原石首先要看形,青田石原石的形状千变万化,大体分为方、扁、圆、锥等几种几何形态。雕刻师要依据形状选择其适宜创作的题材。一般来说,如果石头形状是长方和扁圆的,其应用范围就广,这些形状适合于各种雕刻题材,其构图灵活性大,是创作的最佳石形。扁平或片材则应用范围略小,它们不宜创作圆雕,多做浮雕、平刻的挂牌、把件,等等。辨质就是分辨青田石的品种和石质,这为雕刻什么作品和应用雕刻技法提供依据,适宜圆雕采用圆雕技法,适宜薄意雕就采用浅浮雕技法,好的石材要少雕,要保护贵重的石料。其次,是观色,就是观察青田石原石有什么颜色。青田石色彩繁多,或黄或白或红或各种色彩相互交错,雕刻时如何巧妙利用颜色非常重要。还要查明原石的色纹、结构纹和绺裂纹,等等。色纹即由于色彩差异而形成的各种天然纹理,这些色纹自然天成,最好保护其原始纹理。青田石中还有一些结构纹,如水草状、米穗状、鱼子状、雨伞撑等纹理,它们可能是残留矿物、外来矿物或矿物稀密不一排列而出的特殊纹理,设计时也应该考虑利用。

通常在一块青田石上,有红、黑、黄、绿、青、白等数种颜色,相互交错成自然斑纹。雕刻师必须根据石块的形状、色泽和纹理进行构思和雕刻加工,雕刻成人物、走兽、山水、花鸟、果蔬、海景等陈设欣赏品和印章、文具、烟缸、水盂等实用工艺品。雕刻一件青田石作品,少则费时几天,多则要几个月甚至几年。青田石雕刻师要追求雕刻艺术美,通常来说,首先,要选好的石料,要求青田石的颜色要美丽,质地要温润,还要设计适合各种石料的雕刻题材。另外,还要追求青田石雕件的造型美观,精湛的雕刻技艺,以及影响造型美雕刻美的工艺、社会诸因素。现代的青田石雕要适应现代社会的需要,如今许多中国青田石雕作品超凡脱俗,给人们带来了意境之美,让人无限遐想和感叹。中国青田石雕是具有民族特色的艺术品,是世界艺术殿堂中的一朵耀眼的奇葩。青田石雕刻技艺闻名天下,石雕行业可谓人才辈出,从前辈林如奎、倪东方、张爱廷等大师,到现今成为青田石雕中流砥柱的林汉立、张爱光、林观博等大师,他们为青田石雕的发展做出了很大贡献。如今青田石雕空前繁荣,人才济济,涌现了杰出的青田石雕大师已有数十位之多,叶碎巧大师就是其中之一。叶碎巧现为中国石雕艺术大师、浙江省工艺美术大师,他主要擅长雕山水与花卉。1997年,作品《九龙壁》荣获首届辽宁国际艺术博览会金奖;1998年,《万里长城》被上海历史博物馆收藏;作品《一品清廉》《高风亮节》《梅中五福》《露珠》于2001年到2002年分别荣获北京国际艺术博览会一等奖,同时被编入《中国工艺美术名家精品集》一书。《眺望》《河山万里》《雄关万里》分别荣获2001年全国获奖艺术家博览会金奖。2008年作品《永结同心》《富春逸韵》被国务院中南海紫光阁收藏。本书收录了叶碎巧大师的许多青田石雕优秀作品的图片。

　　青田石雕刻技法归纳起来有这几方面:首先,要对雕刻用石进行处理,任何一块青田石或多或少都存在一些瑕疵。例如,石料上出现的石绺、石眼、石裂、砂钉、杂质等问题,都要进行处理,优秀的雕刻师知道如何藏绺去裂,将石料中存在的一些绺裂藏于树干、草茎、绳链之中,将石眼补平,砂钉避开,把一些石纹巧雕成雨雪、云彩、花卉、树木、昆虫、佩器、饰纹等,可锦上添花。其次,雕刻刀法很重要,要求雕刻刀法简练、流畅、准确,这样雕出的作品造型完美、线条流畅、浑化自然、雅纯逸致。最后,雕刻技法的运用要恰当,常见有薄雕、浮雕、镂空雕、透花雕、圆雕等技法。每种技法都有其独特的规律,雕刻技法运用得好,会使雕刻作品更加俊俏美观、浑然天成。

　　陈墨先生总结说,镂雕技艺是青田石雕的生命,巧色就是青田石雕的灵魂。利用石料的色彩巧雕是青田石雕的一大特点,也是实施因材施艺手法中的重要一环。因色取巧有两种类型,即类似型和对比型。类似型最能显示石雕取巧的功夫,给石雕作品增加价值。此法多用在颜色丰富、质地上佳的石料上,尽量利用好石料的本色,雕刻的景物同实景的色彩相类似。例如,将一

青田石雕创作中的
叶碎巧大师

块有红有灰也有青白发冻颜色的石料雕作"冰梅图"，红色的雕成梅花，青色发冻的雕成冰凌，灰色的处理成山崖，巧妙地将石料中的几种色彩雕刻与自然景物类似，这样利用石色就成功了。

对比型即石料本身色彩不丰富，除大面积的基本色外，只有少量的不同颜色。比如一块白色的料中生有一点黑斑。这种石料重点在于利用好黑色。要做到巧妙地利用色彩，对有色彩的石料，在确定作品题材、构图时，应围绕着色彩来思考设计。选色的方法是，确认一块石料上有几种色彩，选定一块色为主要点，一般以色最艳，或石最冻、最纯净，也就是石质最佳的、色块最大的为主要点。其余石色都应围绕主要点来利用。对石料天然色彩要懂得有所取舍。不分主次，不知取舍，就会被石色影响，主观受制约。取舍的原则是先取而后舍，先从选中中心色块着手，构想好主题中主体的轮廓，再延伸利用其余色彩。

罗汉雕刻过程（池沧海）

好色彩、好质地要尽可能多留。尤其是冻石，在构思时应留意到这一点。

雕刻大师在雕"高粱"摆件时，首先将红色的穗头位置定好，再雕出穗头的坯，穗的周围还有部分剩下的红色就要戳掉。再比如"葡萄山"，先要打出冻色的葡萄粒串，冻色就雕葡萄串，葡萄成串后留有多余的残冻也要去掉。若是同一块料中某点生有黑或棕色的斑块，就用来雕松鼠等，多余的棕黑色也要去掉，多余色彩要毫不留情地舍去干净。主体完成后，第二步才雕出叶、枝或藤蔓及其他景物。雕刻逼真、干净，恰如其分，没有多余，看起来十分自然，似乎是天生的"凑巧"，这就是巧雕成功之法。

陈伟军先生曾说,以色取俏、因材施艺也是青田石雕主要特点之一,所有从事青田石雕刻的人都要学习对石头色彩的处理。色彩的运用和处理是决定一件作品的构图和创作的主要内容。一般来说,相石总是从色彩入手,然后再考虑石头的材质。常见红色雕刻为高粱、黄色雕刻为牡丹等,在创作中总是把镂雕结合在一起,在某种程度上对作品的整体效果产生了影响。青田石雕的俏色运用不只是色彩分明,更是通过对某一部分特别能体现石头内涵的色彩进行点睛般的突出和主题的浓缩,让作品在形式和内容上同时得到集中的体现。石头的色彩是天然而成的,如何运用色彩也就由石头的本身条件来决定了。我们需要对俏色做更深的认识,色的运用能体现巧,但并不是为了巧而单一地用色,俏色是为了作品内涵在巧中得到最佳的突现,精雕是为了让俏色神化的一种载体,是俏色与精雕结合的真正所在。不分大小,只求神韵的流露,不分内容,只求完美的结合,不能刻意也不能拘束,自然地组合是俏色与工艺的追求。

青田石雕也属于艺术的范畴,它是脑力劳动与体力劳动相结合的结果,青田石雕艺术品已进入艺术殿堂。中国青田石雕艺术与玉雕艺术一样,在世界艺术中占有重要的地位。青田石雕艺术就是人们利用青田石这种特殊的雕刻材料,通过对原石的形体、颜色和质地的全面观察,然后设计和构思出要雕刻的形象,最后经过雕刻等精细加工,将原石创作成雕刻艺术品,借以表达创作者对世界对人生的感悟。青田石雕刻作品的制作过程大致是按照这样的顺序进行的:审石—设形—治形—传神。也就是将情景与情感逐渐融合在一起创造意境的一个过程。

一、青田石雕刻工序

1.相石

相石也称审石,就是观察青田石外观形状、颜色、石质和绺裂等状况。实际上每一块青田石,其种类、特征都有很大差别,都有它们自己特有的性质,它们的大小、形状、颜色、透明度、绺裂等特征都不尽相同,这些特征就是一种未经人工雕刻的自然景物。当我们的眼睛接触到这一自然景物时,要进行的一项重要工作就是发现其中的美点和缺点,要充分利用原石的美点,同时尽量摒弃其绺裂、瑕疵等缺点,通过仔细构思,对景物进行必要的取舍,组织成一幅新的立体图画。青田石雕只能在固有的原石上量料取材、因材施艺。"长铁匠、短木匠，凑凑合合是石匠"反映出青田石雕刻只能根据石料来确定其造型，也就是必须以石料为基准，寻找与之适应的题材，并力求显现青田石本身的自然美，努力发现青田石蕴藏的价值，提高其利用率，从而创造出精美的青田石雕刻作品。审石是石雕创作中非常重要的一环，为此，雕刻艺人总结出"一相抵九工"的经验之谈，这既是玉雕，也是

青田石雕工序：相石、描样、打坯和凿坯

青田石雕实践经验的精髓。"相"意为审看石料，雕刻之前要多观察石料，这样可以减少工时和避免浪费石料，同时寻找出与之相适应的雕刻题材。

相石要确定石料的砂、钉、绺、裂的分布及准确位置，没有经过仔细研究，盲目下刀雕刻，常常会让人失望，甚至让贵重的石料浪费。相石要因石而异来进行雕刻设计，扬长避短，选择恰当的造型形式，再使用特殊的刀法来隐藏石料中的各种缺陷，或巧妙地加以美化。一般认为纷繁的颜色对于雕刻作品力量和质感的表现力较差，致使主题不易突出，所以色彩杂乱的石料不宜雕刻人物。

相石还要对雕刻石料进行必要的取舍，去掉一些瑕疵较多的部分是必须的。当然，如果是一块贵重而完整的冻石，就不宜采用镂雕等过多删料的工艺。如果需要雕刻，多采用薄意、浮雕等雕刻技法，这样可以保护珍贵的石料不被太多浪费。一般来说，雕刻时应将石料质地好、颜色好、透明度高的部分放在正面。有的石料局部石质很好而另外部分较差，这就需要进行特殊设计处理，如设计精妙会起到画龙点睛的作用。相石就是

要把石料的质、形、色因素有机地结合起来,力求设计出浑然一体的完美作品。

2.描样

描样是审石的继续。通过审石,根据原石的形状、大小、颜色等因素,设计出拟将雕刻器物的形状。雕刻技师在心中对原石已形成一幅朦胧的轮廓,确定了大致要表现的主题,如人物、花鸟、山川、河流、鼎炉、器皿等,然后将这种朦胧未现的图画用画笔绘在石料上或图纸上,使其显现出来。通过审视描绘在原石上的图案,可以立体想象其未来雕刻出来的模样,感觉不好还可以进行调整,雕件的关键部位如石质不合适也可以修改。这是青田石雕作品创作的关键所在,是一个由虚转实的重要过程。这一过程往往要经过很长时间反反复复修改才能确定。因为青田石雕刻是破坏性的,对石料只能雕刻去料,一旦锯开石料就不能重新再来,所以设计构思必须谨慎。在没有构成满意图案时,不能轻易动工雕刻。对于一些大型青田石雕作品的创作,有时还需要根据石材形状先做泥坯,模拟出青田石雕的初步轮廓,进行精确修整后,才实施实际的青田石雕刻。

3.打坯

多数情况下,青田石雕艺人仅打"腹稿"就直接在石料上敲打落形,只有极少数大型作品或构图复杂的作品,要画设计或捏泥塑稿。打坯是雕刻作品的第一步,用打坯凿大刀阔斧地劈削出作品的外轮廓,景物的大块面,以最简练、概括的手法,将构思变成视觉形象。戳坯是用阔凿戳出景物较小的分面,一些小作品也有不用打坯而直接用阔凿戳坯的。

打坯就是用工具将预雕题材的坯样打磨出来,开始阶段还需要开料,这是青田石雕刻制作的实质性阶段,有点与玉雕的粗雕工序一样,运用雕刻工具,将原料的多余大块面切除,使其适合于作品题材的需要并在粗坯的基础上,继续雕刻景物的各部结构,达到表现作品的基本造型和内容,即通过各种技术手段使石料逐步变成一座或一件立体雕刻品。

打坯中强调整体观念。遵循"四从"原则,所谓"四从"就是"从整体到局部,从大到小,从主到次,从表到里"。整体给人以总印象、大效果,诸如石雕作品的主体是直立、横置还是倾斜,其外形是长方形、三角形还是圆形等等,都会给人以截然不同的感觉。务须仔细推敲。打坯时必须从这些有关整体效果的地方着手。从大到小,在一件石雕作品中体积(或面积)较大的景物先予定位,其他部分也就容易安排了。从主到次,就是要注意石雕作品中有些体积不大的关键部分,即行家常说的"眼",如花卉中的花,人物中的头脸等,先确定它们的位置、大小,就可以此为准,逐渐展开。从表到里,要求首先处理好石雕的表面,然后做深入刻画,使石雕层次清晰而丰富。

青田石开料多用木锯或钢锯来进行,现在也常常采用电动工具来开料。在开料前,要进行仔细观察、分析原石中各种颜色的分布,有无绺裂及走向,有无砂钉等等。开料中,要注意锯口尽可能顺着绺裂的走向或直接切在绺裂上,这样可减少原石的浪费。如果遇有两种颜色反差较大时,应尽量采用两种颜色上下分布开料,以颜色较深或石质较差的一端为底,这样制作的青田石雕效果更好。切磨印章时,在保证原石质量的前提下,雕刻印章应力求"方、高、大"。对于一些花色纹理丰富的原石,应尽量切割对章,这样形成的左右图案相反,往往效果超乎想象。

要注意开料时,锯不宜拉得过快,拉锯速度过快会产生高热,一些山采青田石原料在开料时可能热燥迸裂,切割最好以水锯、湿磨为好,制成原坯后,区分品种、档次和块度,放置木盘中,在阴湿处保存。若高档石料,最好浸入盛满植物油的瓷盘里,如块度较大,亦可将石坯沾油后用透明纸裹好放置阴湿处。

4.凿坯

凿坯就是用手凿修饰已经打好的青田石粗坯,与玉雕的细雕工序有些相似。这是对粗坯进行较精细修饰,是为了使石雕造型进一步完美和增添神采的过程。凿坯时先粗后细,由表及里,通过凿坯,使作品所表现的景物如人体的结构、衣饰、人物的面部表情、眼睛、服饰花纹,动物的毛发、肌肉,兽鸟的眼睛、毛发、爪尖、嘴喙,树木、花卉的枝叶、瓣蕊,花草的茎、叶等最能显现神韵的部位以及配景的细节等都能达到基本清晰准确。凿坯和打坯都要留有余地,以备必要的修改调整,同时又不能太臃肿,要尽量接近实体。对此,有"打坯不留料,雕刻无依靠,打坯打彻底,雕刻省力气"的经验之说。

5.放洞和镂雕

放洞是一道工序最费工时,也是技艺最复杂的重要工序,它是为了给镂雕创造条件,镂雕是放洞的继续和深入。放洞就是根据创作需要在石料上凿出一些圆洞,而镂雕则是改造圆洞,使圆洞成为实体之外的形态多变的空间。空间与实体是互为依存的,必要的空间都镂雕出来了,实体的造型也就完成了。放洞和镂雕是青田石雕不可缺少的雕刻步骤,青田石雕中,山水花卉作品很多,雕刻这类作品就需要放洞和镂雕,镂雕可分单面镂雕、透空镂雕和立体镂雕。

青田石雕工序：粗雕、打磨、放洞、镂雕

6.修光

修光就是对精细凿坯后的青田石雕件进行光亮修饰，是雕刻的最后美饰过程，是青田石雕刻最为重要的工序，需要采用不同的刀向和刀法，尽量准确刻画出景物的气质和精神，使得雕件更加精致、光洁和传神。修光不仅将石雕上不必要的刀痕凿迹尽量抹去，还要从结构出发，从质感出发，不能将体面交界线都刮得圆浑，含糊不清，否则会使景物显得软弱无力，没有特征。有些石雕景物也不宜修得光溜溜的，没有生气。有时在创作的过程中还故意将石雕表面保留一些刀凿痕迹,为了彰显其硬、糙的质感。修光时"刀触"的轻重、缓急、刚柔要从景物的质感和石雕作品的要求出发。修光的程序是从里到外,与雕刻的程序相反。

7.磨光

青田石雕刻品在雕刻完成后,还需要经过精心磨光,才能充分显现出青田石的特质和天然色泽,使作品外表光润明亮。磨光多用砂纸等材料,磨光分粗磨、细磨和揩光三道

青田石雕工序:表面修光、内部修光、磨光和抛光

过程。粗磨时先用砂纸打磨雕件表面,尽量将刀痕磨去,尽管这是粗磨,我们也要注意不能损伤雕刻的景物和层次感,还要注意保护石雕景物的体面交界线,否则会使景物的体面转折模糊、结构不清、立体感差。同时要根据需要,区别对待,石雕作品的主要部位,务求反复磨揩,使其光亮可鉴。而有些部位也可少打光或不打光,以求得石雕作品中光亮度上的某些变化和特定效果。粗磨后还要进行细磨,多采用细砂纸,使雕件表面更加光亮。有的雕件还要进行所谓揩光,细磨后的雕件先用清水洗净晾干,再用桐油瓦灰砖蘸水揩磨,最后用专门的粘白茶油和羊肝石粉的桐油瓦灰砖细揩,直到圆滑光洁为止。

具体来说,磨光从粗到细,循序渐进。先用砂布打磨一遍,再用小毛刷、竹签裹软布、蘸糠灰磨揩石雕作品的精细部分;然后用各号水砂纸磨揩;最后可用软布蘸打光油或打光粉反复揩拭石雕作品,使其光亮耐看,形成真包浆,俗称"硬光"。通常需要准备60号、120号砂布和500号、800号、2000号、3000号、5000号水砂纸。磨光会产生粉尘,要求磨光在水中进行,防止粉尘飞扬。在磨光前,用开水烫泡各号水砂纸,使其柔软耐用。例如磨光印章时,先将水砂纸放置在玻璃板上,一手按住砂纸,一手握住印章,平稳地进行磨光。在保证光洁的前提下,尽可能少磨损雕件。一般先用粗粒的砂布或水砂纸磨光后,再用中等粒级的水砂纸,最后用细粒的水砂纸,这时雕件就完全光洁了。磨光还可以用3000号、5000号微细粒的水砂纸打磨,直到完美光亮为止。磨光时用的水要随砂纸号变化而更换,不然雕件表面会被原有水中较粗的砂粒划伤,达不到磨光效果。

8.配座

配座又称座垫。青田石雕配座主要有石质、木质两种,要求配座对主体起衬托作用,尽量与主体形式协调,大小相称,色调稳重,弥补缺陷。石质座垫造型分岩头座、水波座、几何形座、云座、莲花座等几种。一般来说,山水雕件用岩头座,花鸟雕件用树根座,水生动植物雕件用水波座、岩头座,人物、炉瓶雕件用几何形座,佛像、神仙雕件用云、莲花座。木质座分造型座垫与自然座垫两种。现在人们多选取盘根错节的老树桩座垫,既可减轻作品重量,又显得生动自然。

座垫配得太小显得不稳重、欠气势,太高又没有突出雕件本身的艺术性,因而需要大小相称。座垫色调一般以深色为宜,取其稳重;也有浅色的,求其调和、活泼,但用于小品居多。座垫不能太精细、烦琐,容易本末倒置。当然,配座垫还可弥补雕件的欠缺。有的主体内容不够充实,可以在座垫上增添景物。有的主体不够平衡,可以在座垫某部增加一些体积，使之构图完整，更具有艺术性。

9.上蜡

上蜡也称封蜡，一些质地较粗的青田石在磨光或罩色处理后，还需要上一层薄蜡，以保持石质的稳定。一般来说，凡是较温润、绵性石质的青田石出现开裂现象很少，而性脆、燥硬石质的青田石品种多发生开裂。色纯、透明度高的青田石品种也会发生开裂。对于珍贵的青田石品种，及时封蜡非常重要。

青田石的封蜡多由70%的黄蜡（蜂蜡）加30%的工业白蜡混合而成。黄蜡呈黄色，质地较硬，渗透力很强。青田石雕件开裂多用黄蜡

青田石雕摆件《痕》(张建荣创作)

修补。黄蜡可以将石料中的裂纹完全修复。但是黄蜡的蜡痕冷却后不好清除，而且黄蜡价格较高，所以通常都要加入部分工业白蜡。也有采用65%的四川白蜡和35%的东北软蜡混合熔化而成的中性蜡块进行上蜡。这种蜡适合浅色或无色青田石。

上蜡前，先将石雕放在铁板之上，铁板下面用炉火或电炉加热至100℃~150℃，用毛刷蘸熔化了的蜡液薄涂外表，待均匀后缓缓降温冷却，再用软质麻布细心揩擦，直至焕发光泽。青田石雕经过上蜡，虽然色泽纹理会更加清晰艳丽，但经加温后石质的温润度会受到影响，会使雕件石料老化，甚至开裂。这种上蜡方法适合体积较大的青田石雕件。

还有一种比较方便而科学的方法是，在可加热容器中放入黄蜡、白蜡为7:3的混合蜡，加热将石蜡进行熔化，然后，用铁丝网筐装上雕件后浸入蜡液中，要注意掌握蜡液温度，以雕件表面无凝蜡为准。取出雕件后擦去余蜡，待完全冷却后，再用软布反复擦拭，雕件就会光亮鲜明，裂纹也会消失。这种上蜡法只适用贵重、体积较小的青田石雕件。

二、青田石雕刻基本技术

(一)雕刻工具

青田石雕刻主要工具有锯、锉、手凿、刮刀、铲刀、钻具等。

1.锯

青田石质地较软,但韧性较好,故青田石雕下料或打坯多采用钢锯或电动锯。

2.锉

多采用专业石锉或钢锉来锉出青田石雕的初步形状,锉刀制坯比较容易控制,凸起部分都容易操作。锉刀有平锉、圆锉、三角锉等等。

3.凿

凿子有几种,有卡凿,脚凿、手凿、长柄凿。卡凿又称开凿,主要用来打坯,大约20厘米长,刀口扁平,又分双面凿和单面凿,双面凿多雕粗坯,单面凿则雕刻细坯。要注意单面凿对石头受力大,刻画时去掉的石面大,掌握不好很容易伤作品。双面凿相对单面凿受力小,对石头的伤害不大,但双面凿在操作过程中容易滑石伤手。手凿长约16厘米~17厘米,凿把是圆形木制柄,主要用途是凿胚,刀口形状不同又分圆凿和方凿,圆凿有大圆、小圆之分,刀口也有单面、双面之分。手凿还有长柄凿,雕刻艺人通常要用肩膀抵住刀柄,这样可以用肩的力量促使刀在石头上雕刻。

具体来说,打粗坯有2至3分宽的专用方口凿,俗称"砍凿"。凿身比较厚实,木柄也特别粗短。打坯时,左手握凿,右手拿锤,用凿子的冲击力劈削石料。3分以下的狭口凿,用作凿细坯。2分以下的狭口凿,凿身比较细长,一般用作镂空。3分以上的宽口凿,一般用于铲平修光。圆口凿用于雕刻带一定弧度的作品,诸如炉瓶、人物、动物以及花卉的叶面等等。

这些凿子多用白钢制造,白钢的硬度为6~6.2。将白钢切割成所需要的尺寸,一端开刃,一端装木柄。以自己手掌大小决定柄的粗细,刀柄不宜过于光滑,应适当刻上些横向花纹,加大摩擦系数,便于使用。在修磨刀具时,一定要注意冷却降温,温度过高会出现退火现象,刀具的硬度就会降低。白钢刀具虽硬度高,但较脆,在使用过程中,不能用锋利的刀具去过力挖撬雕件,否则刃部容易崩断。白钢刀具加工难度大,需要专业电火花切割制作。

4.刮刀

刮刀又叫修光刀，是青田石雕中最重要的一组刀具。按照刀刃的弧度又可分为平刀、圆刀、半圆刀、尖刀、半尖刀等。通常每个艺人都有十余种修光刀，要视所雕刻区域的大小形状等细节来决定用哪一种角度的修光刀。修光刀具主要有刮刀、尖圆刀、推刀等，可分成大、中、小号，有时还有特小号。用刀还是以个人习惯为准，因人而异，不能一概而论，主要讲效果。圆刀主要突出线条流畅圆滑的美感。修光刮水纹时通常用中圆刀。特殊工艺要求，要相应地制作一些特种刀具，如各种加长细凿、针凿、扁针凿、勾形刀、铲刀、三角刀等。

一般来说，平口刀主要用于刨，兼用于凿或镂。圆口刀的功用与圆口凿相仿，用以雕刻带有弧度的面积，只是大小不同。斜口刀可用刀刃刮，用刀尖刻、剔。花卉、山水等镂空作品中用刮法最多。一些景物的边缘需用斜口刀刮薄，以表现其

画线锯章

砂轮、手锉粗磨章料

细磨章料

形态和质感。斜口刀尖还用于修光时剔净一些细狭凹陷部位的石屑。

5.雕刻机及钻具

钻具多采用电动手钻，青田石质地较软，不需要大型钻机钻孔或开膛。一般软轴手钻就可以了。这是镂雕常用的工具。

还有现在普遍使用的电动雕刻机，多采用球形钻头和锥形钻头，也可用3毫米以下的工业铣刀。主要用途是清除雕件上的荒料，可大大提高效率。但是，在青田石雕件进行最后的精雕和修整时，最好不使用电动磨具。遗留的机械痕迹，会破坏青田石工艺品的韵味，其价值也会受到影响。

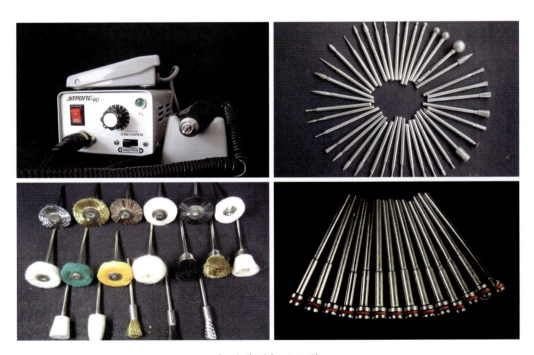

电动雕刻机及配件

6.刻刀

刻刀多小巧,主要用于青田石图章的篆刻。有双面刻刀和单面刻刀,还有平口刀和斜口刀等等。早在元明时期,文人就开始自己在石头上篆刻了,自行刻制印章之风最初是从文人辗转流行的,灵活的小刻刀很快出现了,精细的印纽雕饰随之产生。

7.其他

其他工具还有锤、砂轮、磨石、抛光材料,等等。

(二)雕刻基本技术

1.工具的准备

现在青田石的雕刻手凿的用法已不多见,多采用其他工具替代。常用工具主要是刀具,细分有尖刀、半尖刀和圆刀以及锉刀等等。磨刀时油石选用 240 目一块(粗磨用),400 目一块(精磨用)。油石要平整,磨刀前用水或煤油浸泡 5 分钟左右,这样才好用。也可用320 号和 600 号水磨砂纸和铁砂纸磨刀,国产刚玉水磨砂纸就不错。一般来说,刚买来的刀具多是粗加工的, 在一套刀具中应有大小不同两把尖头刀。磨尖刀可以用油石粗磨后细磨,也可以把砂纸放在厚板玻璃上研磨。磨刀时,用右手捏住刀杆,食指用力压在刀铤上,找准斜面,手腕要有力,不能前后上下晃动,要平稳移动,动作由轻渐重,由重渐轻。刀要持平,使磨后的刀具呈一个平面。磨圆头刀斜面时,手腕要灵活地做弧形运动,刀杆不能捏得过紧,要转动灵活。

磨好后,可以在石头上试试,检查一下刮出来的平面是否平整,如果有一条条痕迹,还需再研磨,直到消除刀痕。半尖刀主要有两种,一种是半尖刀,一般角度约 90°,这种半尖刀通常用来雕刻薄意的青田石雕。磨研要求与尖刀一样,只是要多磨一个面。由于刀头是两个面的,所以雕刻时自然就在石头表面留下一个层次,这是做边角和薄意必须的刀。还有一种半尖刀的角度比较尖,约 30°~45°,主要用来挑丝或拉丝,如头发和各种细长的线条的雕刻。这种刀磨好角度后,刀尖必须微微的磨圆,这样挑出来的丝才顺。圆刀,也叫涡刀,其刀头是圆形的,圆刀主要用于雕刻人物的面部、手、衣褶等,刮出凹的圆弧形。雕刻时根据圆弧大小,选择合适的圆刀,所以有许多大大小小尺寸的圆刀。圆刀初次磨制比较费事,背部向内多磨一些就能更加锋利。圆弧要圆滑,刮在石头上,是圆弧形的刀迹,弧形内不能有棱角,磨圆刀时,其圆弧一定要流畅,这样雕刻的效果才会好。

推刀也是常用工具,推刀就是推着用的,它的刀头是平的,磨制的方法和刮刀一样,也是单面刀,一般用来处理雕刻的边角和铲底(凹处的平面修整),也可以用来挑丝。推刀的两个角要求角度完整而锋利,推刀头部两角应该和刀身呈现90°角,就是说推刀要求磨得很平。另外,推刀刀头要大、身子小,如果身子大、刀头小,在推凹槽的时候,两边会被崩坏而影响整体雕刻。半圆形推刀的刀头不是平的,而是半圆形的,它的作用是在一些窄缝中制造类似圆刀的效果。

对于刮刀来说,角度越小,其刀刃就越长,使用的角度也越小,其优点是刮的面积比较大,而且可以伸进角度比较小的细缝中使用,缺点是刀尖容易断,而且碰到薄意和博古这类雕刻凹槽比较多的地方,由于使用角度小,刀身紧贴石头,就会无法使用。特别尖的角度刀具一般都是用来处理特别深的缝隙。一般角度刀具常用于表面刮光。角度比较大的刀具和特别尖的刀具相反,它的刀刃短,工作面就小,不适合大面积的刮光,雕刻博古和薄意凹处就用这种刮刀。一般来说,雕刻刀具都应该磨成口平角锐,这样雕刻时容易控制吃刀的深度。刀具磨直锐锋利的边角,才能雕刻出棱角分明、线条流畅的精美雕刻工艺品。

2.工具的使用

青田石雕刻中锉刀是很重要的工具之一,这种锉刀很像木锉,使用方法就像锉木头

锉坯

一样。青田石料表面凹凸不平可用锉刀把它整平，也可用锉刀锉出需要的坯样。锉时要向前用力，锉刀回来时要提起，因为锉刀的齿是有方向性的，向前才会锋利，要特别注意安全，锉刀齿很尖锐，使用时另一只手尽量远离锉刀，否则极易受伤。

　　锉刀只能锉没有砂钉的石头，要纯净的，否则锉刀的齿很快就不锋利了。专业青田石锉刀有三个角度都能用，锉刀的平面是用以平整石头，凸面则制作各种凹陷的形状，是打坯时候的重要工具。锉刀的两边缘可以开槽，也可起到锯子的作用。

　　青田石雕刻与其他彩石雕刻一样，刀具是最常用的工具。首先我们需要正确地握刀，刮刀是用刮的方式修整雕件，不能用来削雕件。握刀时用右手的大拇指、食指和中指夹着刀身，刀锋对着要刮的石头。左手握着石头，大拇指要翘起来，石头应该大一些，手好把握为宜。大拇指要翘起来，因为左手的大拇指是配合右手刮刀操作的。先把刀放上去，

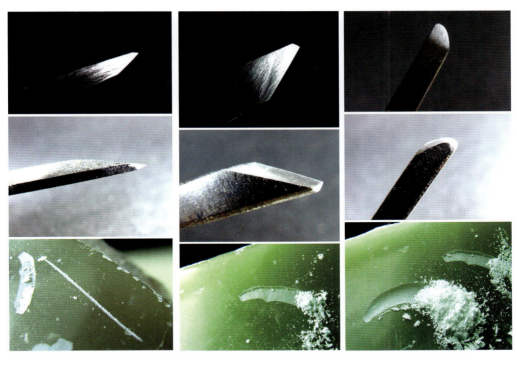

这种半尖刀的角度比较尖，大致约30°~45°，用来挑丝的（郑恕）

这种半尖刀角度大致等于90°，这种半尖刀一般是用来雕刻薄意的（郑恕）

圆刀，也叫涡刀。圆刀是刮刀中很重要的一种，雕刻人物的面部、手、衣褶等地方都需要圆刀（郑恕）

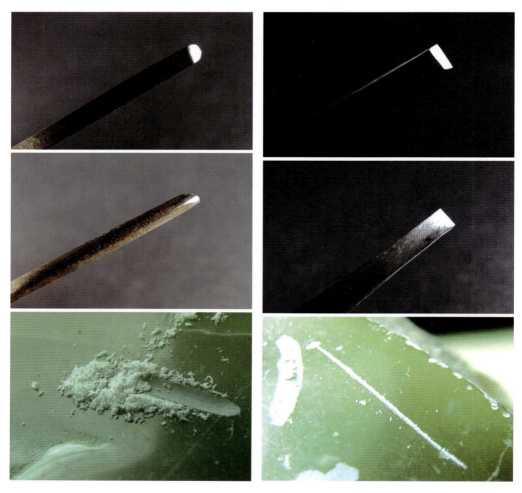

半圆形推刀,它的作用是在一些窄缝中(刮刀无法使用的时候)制造类似圆刀的效果(郑恕)

推刀,刀头是平的,用来处理雕刻的边角和铲底(郑恕)

右手持刀,刀以左手的大拇指为依点,刀要垂直于石头表面,刀刃要尽可能大地接触石表。刮的时候刀以左手的大拇指为支点,向右刮动,而左手大拇指是完全不动的,只作为一个稳固的支点,而右手主要靠手腕的移动,刮刀向右做弧形的刮动,在这个过程中,刀始终和石头保持垂直,不能变成削的姿势,向右刮后回头,回头的过程,刀刃不要接触石头。我们不能用左手的大拇指来推动刮刀,失去左手大拇指的支点会刮不平整,刮刀就是需要这个支点做弧线运动。刮刀的力量来源于右手的手腕。

　　初学时先在石头上完整地刮一遍,如果刮完了,就再刮一遍,直到熟悉刮刀的使用过程为止。如果用来练习的石头是凹凸不平的,那么先用锉刀把它锉平整后才能刮动。还要练习挑丝、推刀、钻孔等基本技法,最后还要学习磨光。

　　叶高君先生根据自己的经验总结过:掌握凿法是青田石雕刻的一门基本功。通常凿法就是用右手握住凿刀前部,凿柄顶端在右肩软窝,左手拿(或按)住坯料,凿身搁在大拇指上,以左手拇指贴近右手拿刀支撑点,用右肩力量向前一下一下地推进。还有,常用砍凿进行敲打粗坯,左手捏凿,右手拿榔头敲,轻重度适中即可。

　　使用凿时必须做到,肩窝顶实手捏紧,拇指垫稳戳得准,正凿反凿都要用,凿方圆大小功不同。凿口有方圆阔狭,凿法也各有特点。一般用凿规律是厚凿敲,狭凿镂戳,中、阔凿宜于铲刨,圆凿则专用作修凹槽。用凿技巧可归纳成:敲、戳、镂、铲、刨、圆、反、角、横、直等,下面分别加以叙述:

　　敲:是艺人雕刻的第一步,称作"敲坯"或"砍坯"。一般是将坯料放在地上,人坐在矮凳上,足掌前端踏稳坯料,左手捏稳砍凿,右手拿榔头敲,即"榔头敲凿凿打石"。敲坯一般用反凿,凿子的趋向是顺手势向前、向左,但不能向内敲,不然石屑会溅在脸、身或

推刀运用

眼上，妨碍工作。还有坯料若有细裂纹，则不能顺着裂纹砍凿，应逆向裂纹用凿，以免坯料断开。

戳：除敲坯外，其余用凿统称"戳"。3厘米以内的狭凿，大都作用于花果、山水、人物等作品的外部剔除，叫"戳坯"，是打坯的第二步，戳去多余之外，减少体积，使雕件形体进一步地显现出来。戳的特点是吃石多，速度快，动作粗放，是打坯的主要凿法。整件作品除敲坯时人坐在矮凳上，石料放在地上进行外，其他操作的全过程，人都应坐在高凳上依凭工作台进行。

镂：戳空石坯的内部、纵深层次和景物后壁，称作"镂"。这段工序被称为"镂空"，是镂雕的关键手段，多用的是2分以内甚至最小的狭凿，伸进洞道镂戳，先镂大洞后镂小洞，戳通洞壁。除了景物之间必须连带的以外，内部多余的石体都要戳掉镂清，达到立体中空、层次分明的效果，使作品空翻牢固。

铲：铲是修坯的一种常用凿法。一般使用3分以上的阔凿，手推肩顶，吃石面大。力度也大，速度亦较快。一般作用于产品的外层、平面或较阔的部位。如底垫、雕件背面、石章及人物、动物类圆雕产品，其修坯都以铲法为主。现在普遍采用半机械化，以磨光机、砂皮擦片代替凿铲。

刨：使用阔凿于平阔部位的修光。用力轻，吃石少，速度平稳严谨，只刨去石坯表面薄薄的一层凿痕糙迹，使其平整光洁。精细处不要用肩窝顶，只要手臂运动。刨适用于磨光机或雕刻机小砂轮打不到的地方，或许打过留下粗糙不平的痕迹。

圆凿：使用圆凿修理凹槽，雕件内壁的强花、叶凹面等部位，人物、动物的肌股则用得更多。更精细处则用圆雕刀轻轻地刨。

反凿：凿平面在上，斜刃面在下戳刨石料，叫反凿。除敲坯主要用反凿外，在凹凸起伏的部位、深里层次和浮雕的起地，都要用此法。有些造型的打坯也必须使用反凿进行，如人物的开脸、花卉的开花瓣、山水某种崖石皱法等都必须使用反凿。反凿的特点是角度大，戳动沉面实，不轻浮。即使碰到一般砂钉锋口，亦不易崩损。

角凿：是以凿口的一角单边戳刻。如剔坯，刻出作品内容的轮廓，图案的线条都用角凿法。角凿和正反凿并用，开脸、开花瓣、剔清叶子，山水亭台、岩纹等都是使用反凿的角凿法。

直横凿：雕刻中，有时会碰到跟木头相似的石料，有一些"绺纹"即丝缕，用凿时要注意这些因素。如顺"绺"，直戳就松手、省力，戳横"绺"就韧凿，用力大。刨光时顺"绺"才能平洁光滑，逆"绺"会出现粗糙崩缺。遇到裂纹一定要顺着纹路慢戳、轻刨，有时用圆口雕刀削，效果会更好。

三、青田石雕刻种类及技法

  青田石质地脆软坚实，容易奏刀，雕刻图章刀锋挺立，汲朱、不渗油、不伸缩、不变质，印文鲜明，是雕刻印章的最好章料。青田石也是石雕的上佳石材，其色彩丰富、质地细腻、石纹漂亮，深受人们喜欢。青田石雕刻与寿山石、昌化石、巴林石等彩石一样，都要经历选料、下料、打坯、放洞、镂空、修光、配座、打光、上蜡等多种工序，青田石要采用凿、铲、雕、剔、蚀、刨、刮、钻、拉等技艺。青田石雕件有人物、动物、山水、花鸟等百余种。

  青田石雕主要继承了玉雕、木雕和砖雕的一些技法，随着人们对青田石的认识和了解，以及文人墨客的推崇，青田石雕刻工匠也逐渐熟悉青田石的性质，根据青田石的质地等特点，改进了用于青田石雕的特殊工具。青田石雕多采用手凿与修光刀进行雕刻，雕刻师能根据表现对象的结构变化、衣纹服饰走向，与石料的色泽纹理结合，或流畅或刚健或婉转地运刀，从而使青田石雕珍品情趣盎然。雕刻人物类青田石雕与青田石印章纽饰，讲究的是既要依据青田石的色泽"相石取巧"，又要使青田石雕达到浑朴圆顺，用刀既要简练、流畅，还要"看有韵味，摸不刺手"。在花、果、鱼、虫等题材上，青田石雕的雕刻技法则要求灵巧，还要求表现的题材轮廓清晰、层次分明，一般来说可以发挥尖刀、半尖刀及针钻镂空工具的作用，应有圆雕、镂空雕、透雕等技法，达到色与工的统一，收到精湛的艺术效果。创新雕刻往往需要特殊的工具，也会产生独到的技法与刀法。

  青田石雕刻与玉雕基本相似，也有圆雕、浮雕、镂雕、链雕、纽雕等几大类雕刻方法。另外，根据青田石的质地特征，还有薄意、微雕、镶嵌、线刻和篆刻等雕刻方法，可见青田石雕刻技法更加丰富。

  但是，总体来看青田石雕刻最基本的方法，大致可分为圆雕和浮雕两大类，无论是薄意、微雕，还是链雕、镂雕，都可以包含在这两类雕刻技法内。而圆雕和浮雕彼此也不能截然分开，圆雕有时采用浮雕工艺，浮雕又有圆雕的存在，比如，有的山子雕有立体的人物花鸟也有浮雕的亭阁楼房，这就是圆雕和浮雕的结合体。一些圆雕器物表面的装

饰纹和各种吉祥图
案也采用浮雕技术。
圆雕就是雕刻的人
物、动物、花卉、鸟
虫、瓶炉等都是完整
的立体状，而浮雕则
在雕件表面雕刻各
种形体，如圆雕雕件
表面的各种纹饰图
案、平面的花牌、生
肖挂坠以及玉屏等。

青田封门黄薄意雕印章（黄蜡玉石）

青田石雕刻的方法还有镂雕、透雕和立体雕等。镂雕不穿透雕件，而是在雕件表面镂空，这样可以使造型轮廓更加鲜明，雕件显得玲珑剔透。镂雕主要用于山水、花卉作品，可分单面镂雕。透空镂雕和立体镂雕；透雕则是穿透雕件。无论镂雕还是透雕均常在圆雕和浮雕中采用。山子则为典型的立体雕。

浮雕是玉雕中的主要雕刻方式，主要是在雕件表面雕刻人物、花卉、鸟虫、山水、楼阁等各种题材，构成深浅不同、凹凸不平的半立体雕刻造型，通过光线的透射变化和明暗差异，使雕件的浮雕效果产生立体感和空间感。浮雕特别适合表现风景题材，风景的近景、远景可以有层次、有深度，能够充分地表现出来。浮雕通常分薄浮雕、浅浮雕和深浮雕。薄浮雕，就是薄雕或薄意，顾名思义就是雕件表面雕刻深度非常浅，雕刻的形体略为凸起，细部雕刻通常采用线刻技术。一些珍贵青田石就采用薄意雕刻方法，例如，多数高档青田石雕件表面上凹凸不平的图案就是薄浮雕的代表。薄意雕刻一般有以下几个步骤：

构图：在印章表面进行构思设计，景物不宜过繁，章上的裂纹、砂格要尽量遮掩，做到繁而不乱，简而有致，整洁挺秀。

描图：将构思好的图案，描绘在章面上。

勒线：用尖刀顺着形体的外轮廓勾勒出一道准确而明显的线条，谓之"勒线"。勒线是薄意雕刻的一道关键工序。要求把刀稳，运力均，刀锋流畅，刀痕深浅适中。

剔地：又称"起地"。应用平刀、铲刀或斜口刀，削刮勒线以外的空余石面，让景物部分微微隆起石面。

雕饰：使用各种雕刀，在凸起的景物平面上浅刻雕饰，表现出物体的质感、阴阳向背，使其富有立体感，达到笔墨渲染的韵趣。

薄意雕刻"以薄取胜，以简见长"，雕刻后期还需要对某些细节，用尖刀或半尖刀阴刻、抽丝，精细修饰。

人们将薄意看作是一种凸起的绘画。这需要薄意创作兼精绘画，熟练地掌握国画的笔墨技巧，才能挥洒自如地在石面上刻画薄意。

线刻也是薄意的一种，线刻俗称"脉花"，多以尖刀在印章表面单线阴刻出画面，就像进行绘画的白描。这样可以通过对章面景物的刻画，将一些裂纹瑕疵巧妙地掩饰。

浅浮雕，相对深浮雕而言为浅浮雕，雕件表面雕刻的深度较薄浮雕深，一般雕刻深度在 2 毫米以下，雕刻的形体凸起明显，一般都采用减地法表现形体轮廓，细部形象仍为线刻表现。浅浮雕在玉雕中应用比较广泛。雕刻深度在 2 毫米~5 毫米的浮雕称中浮雕，这样的浮雕层次变化更多些。深浮雕雕刻的形象有些接近圆雕了，也可称"半圆雕"，雕件表面雕刻深度大，雕件的形体起伏明显，一些局部基本采用圆雕技术，因为这些形体与背景相连，故仍为浮雕。深、浅浮雕一起采用，可以充分表现雕件的远景、中景和近景，使雕件造型非常有意境。

镂空浮雕就是有孔眼的浮雕纹饰，要求孔壁不能太厚，而镂空浮雕的层次也不宜过多，这样镂空浮雕才玲珑剔透，纹饰清晰。

锦地浮雕就是在浮雕的地子上勾出花纹，采用这种雕刻方法可使雕件显得富丽华贵。

浮雕中常采用线刻、透雕和立体雕等技法。在这里，详细介绍一下线刻。线刻也叫平刻，是十分常见的一种雕刻技法，就是采用刻线来表现作品形象。线刻有阴刻和阳刻之分，阴刻就是刻线向下刻画，使其低于平面呈细沟状。阳线却是凸起的刻线，也就是阳线两侧均低于平面，而阳线与平面高度一致。平刻表面上看是最为省工的雕刻技法，但是真正能够刻到出神入化，也不是一件简单的事。平刻要求雕刻师有较强的绘画能力，尤其需要工笔画基础。线刻是以刀代笔在石雕上刻画出来的线条。石刻中人物的须发、服饰图案，动物的皮毛、鳞片，山水，屋宇瓦楞，花卉的叶筋，炉瓶、印盒上的装饰图案，都

浮雕起地、剔阳线、推凹槽、开丝等工序（文华斋）

广泛应用线刻技法。它如同中国画中的白描一样,十分讲究线条美。微刻是在印章之上刻写极小的书法,每字约有一毫米大小,或更小的字,形式生动。这不仅需要雕刻师具有书法基础,还要有艺术天分,要有感觉才能雕刻出佳品。

浮雕设计要充分考虑其特点,一般将画好的图案直接复制在雕件表面,深浮雕需要留出足够的加工余量,因为深浮雕去料多,表面石料余量留少了,深部加工时可能影响表面雕刻。设计时要考虑好平面和立体的关系,尤其是深浮雕。浮雕的特点就是减地雕刻,将地子与外形轮廓分开,减地要平直,深度应该保持基本相同。雕刻时首先要切块分面,先确定好浮雕造型的基本轮廓,同时将地子刮出来,构成浮雕图案。浮雕图案有各种纹饰,例如:饕餮纹、夔纹、蒲纹、谷纹、卷云纹等,还有山水楼阁、花鸟鱼虫、飞禽走兽、仙子菩萨、飞龙喜凤等题材。

将图案复制在雕件表面上后,沿勾画的线条外侧锯割,要把线条留下,雕刻时避免出现"伤地"现象,以免影响整个浮雕效果。一般来说,浮雕是在雕件的地子完成后,才进行形象的雕刻,显示出浮雕层次,最后完成细部的雕刻。深浮雕可分二三层来雕刻,第一层要有立体感,多采用圆雕或半圆雕,第二层或第三层则采用中浮雕和浅浮雕。雕刻方法与浅浮雕相似,先进行勾线,将地子剔出,随后就可以雕刻第一层半圆雕,使其具有立体感。随后对第二层、第三层进行雕刻。细雕要先从第三层开始,最后细雕第一层。浮雕,尤其是深浮雕的细部雕刻较为困难,要选用合适的工具,因为起地子和深部的细部修饰时容易误伤上层的浮雕,所以雕刻深部地子时要仔细,慢慢推进刀具,尽量避免与上部的浮雕接触。

青田石雕中的大部分作品追求形似、色像。刻画景物时,尽量按照其真实面貌,同时

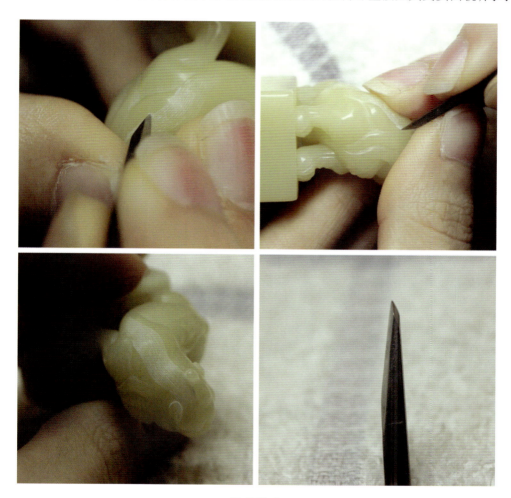

挑丝技法

还尽量利用天然俏色去模拟近似景物的色彩。青田石雕中也有一些写意之作。雕刻大师通过变形、夸张、装饰等手法，使作品别具一格。

图章的制作有一套独自的雕刻程序。图章的制作，首先需将石料锯切成厚片，再将片切成方条而成章坯。然后是铲正磨平磨方正。制作图章的主要工具：一是砂板，用一块 35 厘米×30 厘米的厚玻璃板，两面各贴上粗细不同的铁砂布，粗的一面粒度为 100 号，稍细的一面粒度为 140 号或 160 号。二是小角尺，用以校准章的方正。三是量规，用来划刻和测量章身每面的等距离准线。

磨制的步骤是先将章坯的一面用阔凿铲正，在砂板上磨平作为基准面，用量规刻画出章坯相对一面的直线。按直线铲正磨平后，再磨另外相对的两面。要用角尺量方章是否方正。若做圆章，就要先成方后做圆。

章坯过砂板要先粗后细，干磨从粗到细至少磨三遍，再用 600 号—800 号以上的水砂纸至少磨两遍，好石质的图章还要用 1000 粒度的水砂纸进一步打磨，不能有任何砂磨痕迹，要磨得光洁滑润。石章要磨光后，才能进行雕纽。雕纽时要包裹好印身，绝对不能损伤印身，否则要重新返工。最后再经过金刚砂浆粉摩擦打光完成。

纽的样式有高纽、矮纽等。工艺有实雕、镂空雕、浮雕、线刻等等。雕纽要适合图章格式的工艺。章纽有独特的造型格式、艺术特点和工艺要求，不同于其他品种的雕刻。印纽十分注重形式美、趣味性和装饰性，因此它的造型要饱满、丰实，若是章头较为完整方正的，四角四壁要与章身保持平整，章形统一，不能有强烈的凹凸起伏。即使是透空镂雕，也要多镂纽的内里，尽量少戳外形。施艺要严谨制约，刀法要简洁洗练，雕刻却要细致入微。稍为抽象化更好，这也是印纽的造型特点。纽具有趣味性的形式美更佳。制纽要遵循隐瑕扬瑜。

一般来说，佳石不雕纽，如冻石纯净，丽质天成，属无价之宝，若雕刻就伤其材，很可惜，应以不雕为上策。但是，石质佳但有斑者，和有裂纹的印材就需要雕纽。瑕疵裂纹经过雕刻或镂空，会被孔隙、线条所掩盖，就能达到改瑕为瑜的效果，施艺得法，做到隐瑕扬瑜，就能锦上添花，这样冻石图章身价就会提升。纽章常采用因色取巧技法，对一些带色块的石章，可根据色彩巧雕，或浅雕或线刻，将图案延续到章身，以达俏色巧取的效果。

青田石雕的技艺特色与其他彩石基本一样，即因材施艺形象逼真，镂雕精细，层次丰富，包含取势造型、依质布局、因色取俏三大特点。

四、青田石雕常见题材

青田石雕刻同其他彩石一样,雕刻题材一定是吉祥祈福的,也就是人们所说的"石必有工,工必有意,意必吉祥"。但是,不同的青田石雕种类及其题材有所区别,例如圆雕的题材与薄意、浮雕与纽雕都会有些差异。如圆雕的摆件,雕刻题材场面要大些,景观人物可以多些,而薄意则空间有限,往往选择一些细小或局部景观来表现。浮雕根据雕刻的器物来决定,场面可大可小,人物景观可多可少。青田石产自我国南方沿海城市,它的题材有的与地方文化有着密切的联系,比如,青田石雕题材常与大海有关,鱼类、仙岛、海底世界等就是十分常见的。

中国经过数千年文化积累,有许多的优美传说、典故、神仙、瑞兽等等,这为青田石雕提供了丰富的素材。人们通过飞禽走兽、花鸟鱼虫、器具物品,或用圣人、神仙、佛祖、菩萨、罗汉及神话、传说,或用字符、图案、文字、谐音等形式来表达自己的愿望、追求、寄托和向往等。青田石雕题材与其他彩石的内容差不多,归纳来看,主要包括吉祥、喜庆、幸福、富贵、福禄、长寿、姻缘、辟邪以及现代生活、景观、人物,等等。下面简单介绍一些常见的祥瑞图案,供大家参考。

1.吉祥

吉祥,吉有吉利、吉祥、吉庆之意。《周易·大有》说:"吉无不利。"《庄子·人间世》:"吉祥止止",成玄英疏:"吉者,福善之事,祥者,嘉庆之征。"形容吉祥的词句很多,有的直接在石雕上用吉祥文字表示,如吉庆有余、百事大吉、年年大吉、吉祥如意等,更多的是用某些事物或典故的画面来表示,有些时候这些画面的意思隐喻,让人去揣摩更有意义。常见的吉祥图案如下:

百事如意:常用柏树、柿子和灵芝表示。圆雕、浮雕都可采用。

双龙戏珠:两条龙穿云驾雾,追逐火球,表示吉祥。浮雕、圆雕雕刻运用。

狮子舞绣球:汉代就有狮子玩绣球。一般由一对狮子或多狮相互逗乐戏耍绣球构成图案,表现吉祥和喜庆。

凤凰:青田石雕件装饰常雕刻凤凰。凤凰是一种象征吉祥之鸟。

吉祥如意:图案多以大象表示吉祥,灵芝表示如意。

青田石雕件《龙戏珠祥瑞》（石君斋）

青田山炮绿摆件《龙凤呈祥》（青石斋）

吉星高照：人们认为天上有显示吉兆的星星，这种吉星出现会给人带来吉祥。图案多是云端中有一灯笼或五角星，中间有一"吉"字，地面上有人或山川。

事事如意：用柿子和如意表示。

吉庆有余：童子敲击磬和玩耍金鱼灯笼，表示吉庆有余，寓意吉祥、欢乐和富裕。

龙凤呈祥：龙是玉雕中最为广泛的题材。龙身长，有须、驼首、鹿角、蛇身、鱼鳞、鹰爪，能腾飞，能行走，能潜水，能行云布雨，也能去灾祈福，是造福万物的神灵。龙凤出现表示瑞祥之兆。

三阳开泰：源自《易经》。古人认为正月为泰卦，三阳生于下，冬去春来，阴消阳长，有吉祥之象，俗称三阳开泰，为岁首称颂之词。一般图案中三只羊象征三阳，天上有太阳。羊又有吉祥之意。

太平有象：表示太平盛世欣欣向荣、五谷丰登的吉祥征兆。多以大象背上托一花瓶来表示。

万事大吉：诸事都圆满顺利，常用"卍"字、柿子和橘子表示。卍是佛教相传的吉祥符号，与"万"字读音一样。来自梵文，义为"吉祥万德之所集"。

紫气东来：紫色祥瑞之气，多显示帝王、神仙、宝物出现的先兆。传说老子过函谷关之前，关令尹喜见有紫气从东而来，知道将有圣人过关。果然老子骑着青牛而来。旧时比喻吉祥的征兆。

2.富贵

富即财产多，贵即地位高而贵，雕刻饰品的许多题材都与富贵有关，常见有直接用文字表示的，如荣华富贵、富贵吉祥、长命富贵等等。寓意富贵的人物、动物、植物、传说等图案也很多，牡丹是花中之王，花姿雍容华贵，常用来表示富贵。富裕、致富等题材也包含其中。寓意富贵、富裕的图案常见的有：

富贵：意指家庭富有，位尊官高。常用牡丹表示富贵。

凤凰牡丹：凤凰是百鸟之王，象征吉祥美丽；牡丹为花中之魁，象征富贵。画面以凤凰和牡丹构成，表示祥瑞、富贵。

富贵耄耋：七十曰耄，八十曰耋，百年曰期颐。图案中常由牡丹、猫和蝴蝶构成，猫蝶与耄耋同音，以此表示富贵长寿，常常用于为老年人祝寿之词。

富贵平安：图案由花瓶插牡丹、盘中盛苹果构成，寓意富有与安康。

青田石大象摆件

青田石摆件《牡丹花篮》（青石斋）

青田封门黄金耀雕件　　　　青田封门石摆件《牡丹花》（艺海石屋）
《牡丹荣华富贵》（石君斋）

青田龙蛋石摆件《招财童子》（异石居）

青田黄金耀雕件《丰收》（异石斋）

满堂富贵：海棠花与牡丹共存，海棠表示满堂，牡丹表示富贵，表示全家富有荣华。

荣华富贵：画面中芙蓉花与牡丹花共存，蓉花与荣华同音，牡丹表示富贵。以此称颂别人富有位尊。

招财童子、麒麟献宝、丰收、硕果累累等都是象征富裕的常见题材。

3.喜庆

喜是欢乐高兴之意。人们都期待生活在欢乐高兴的氛围中，为此金饰品中的一些题材与喜有关。人们庆贺别人时常说贺喜或道喜。常见这方面的词有双喜临门、喜到眼前、喜上眉梢等等。喜鹊也称阳鸟、乾鸟，是吉祥鸟，俗称报喜鸟，人们说"喜鹊叫，喜事到"，还有一种蜘蛛叫喜蛛，也常用来表示有喜。

眼前有喜：在人的前方挂一蜘蛛，称为眼前有喜，意指喜事马上就要到了。还有就是一只喜鹊嘴上衔一枚古铜钱，铜钱中有四方钱眼，也表示喜事将来到之意。

双喜临门：图案多以两只喜鹊飞临家门寓意两件喜事同时到来之意。

喜报春先：梅花耐寒，冬春时节开放，预示春天即将到来。画面中梅花枝头站着一只喜鹊，寓意喜鹊率先报晓春天的来临，又将是一派生机盎然的景象。

喜从天降：一只蜘蛛从悬挂在天上的蜘蛛网上降下，象征意想不到的喜事由天而降。

喜鹊登梅：一只喜鹊站在梅枝上，梅与眉同音，意指高兴的事挂在眉间了。

喜上梅梢：喜鹊站在梅梢上借谐音表示面孔上洋溢着喜悦之情。

4.幸福

生活幸福是人们追求和向往的非常重要的

青田封门三彩石雕件《喜鹊登梅》(异石斋)

青田石蓝花钉雕刻摆件《佛手石榴》(青石斋)

人生目标之一。祈求幸福也是石雕中一个主要的题材。常见有关福的词有福如东海、福寿如意、多福多寿、福寿延年、年年有余，等等。传统习俗常用蝙蝠来寓意福，下面简单介绍一些有关福的图形。

多福多寿：表示多福多寿的图形以蝙蝠和桃，以及表示多的卍字构成，常常还有福寿的字体出现，蝙蝠代表福，桃代表寿，寓意福气多而长寿。也有用佛手表示多福寿。

福禄寿：是指福分、禄位和长寿。画面常采用蝙蝠表示福，鹿表示禄，桃表示寿。

福如东海：东海之水，浩瀚无边，天空中蝙蝠飞舞，寓意福气像东海的海水一样多，是祝颂之词。

福寿如意：由蝙蝠、桃、灵芝构成主要画面，蝙蝠代表福，桃代表寿，灵芝代表如意，以此寓意幸福长寿，又称心如意。

福寿双全：画面除有蝙蝠和桃外，还有四枚铜钱，寓意双全，以此表示既有福气又长寿。

福在眼前：图案主要以蝙蝠和铜钱构成，表示福气就要来到。

福从天降：蝙蝠从天上飞下，就表示福从天降，意指福运就要到来。

金玉满堂：《老子》曰："金玉满堂，莫之能守"。表示家中很有财富，也表示极富才学。常常用金鱼寓意。

年年有余：莲花、荷叶、童子抱鲤鱼是最常见的吉祥图案，表示生活富裕。

三星：即福禄寿三神，也称三官，天官赐福、地官赦罪、水官解厄，分别表示司福、司禄和司长寿的三星。

天官赐福：道家以阴历正月十五上元为天官赐福的日子。天官是天上赐福给人间的神仙。

五福临门：常用五只蝙蝠飞进家门寓意，即五种福气就要来到了。《尚书·洪范》："五福：一曰寿，二曰富，三曰康宁，四曰攸好德，五曰考终命。"

5.厚禄

禄原为福气的意思，后来意指升官，这是传统的题材。现代含义的禄扩展到考试、晋级等方面。鹿与禄同音，常用来表示禄。鹿还被人们视为长寿的仙兽和帝位的象征。

辈辈封侯：大猴背小猴，背与辈同音，猴与侯同音，侯爵是大官，借谐音寓意世世代代都为侯爵。

带子上朝：唐朝大将郭子仪平叛安禄山有功，数次升官，后晋封汾阳郡王。郭子仪有七个儿子和八个女婿都在同朝做大官，故称带子上朝。表示家中官多地位高。

独占鳌头：画面以书生骑在鳌背上表示。鳌头指皇宫大殿前石阶上刻

青田龙蛋三色石雕摆件《福禄寿》（石之韵）

的鳌头，考上状元的人可以踏上去。考上状元就可当大官，拿俸禄。

功名利禄：图案以公鸡和鹿表示，公与功、鸣与名、鹿与禄同音，寓意官职、名位和俸禄。

官上加官：鸡冠花下站着公鸡，或鸡冠花上有一只蝈蝈。冠和官同音，意指当官晋级。

加官进爵：画面以童子向官宦敬酒表示，过去酒杯称爵，敬即晋，意指升官晋级。

青田封门黄金耀雕件《年年有余》(弘石坊)

青田黄金耀摆件《辈辈封侯 寿比南山》(青石斋)

马上封侯:常用马背上骑着一只猴表示。古代官爵主要有公、侯、伯、子、男。马上封侯意指马上要加官进爵。

三公:用三只公鸡表示。三公在周代时为司马、司徒、司空,也有人认为是太师、太傅

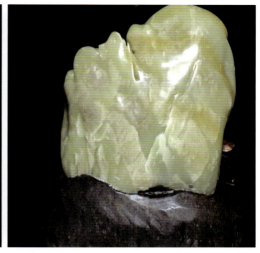

青田封门黄白石雕件《公鸡》(艺海石屋)

和太保,他们是辅佐国君,掌握军政大权的最高官员。西汉时期丞相(大司徒)、太尉(大司马)、御史大夫(大司空)称为三公。东汉以太尉、司徒、司空为三公。唐宋仍有三公,但已无实权。明清时期三公只是大臣的最高荣衔了。

太师少师:常以大小狮子表示。太师三公之首,辅佐太子的官员称太师或少师,少师是三孤之首,官位显赫。寓意飞黄腾达,官运亨通。

五子登科:常用一只大鸡带着五只小鸡表示。登科为考中做官之意。五代后周窦禹钧才学出众,治家严谨,教子有方,他的五个儿子先后中了进士。

鱼跃龙门:《后汉书》李贤注引辛氏《三秦记》:"河津一名龙门,水险不通,鱼鳖之属

青田石雕摆件《双狮》(异石居)

莫能上。江海大鱼薄集龙门下数千，不得上，上则为龙。"寓意高升当官或幸运有福。

指日高升：画面由一个身穿官服之人指着高升的太阳构成。寓意在短时间里将晋升高官。

节节高升：多用竹或竹笋来表示，寓意一步一步升官。

6.高寿

健康长寿是人们追求和期盼的重要目标之一，长寿典故和题材非常多，表示长寿的有寿桃、绶带鸟、白头翁、寿星等。直接用文字表示的有长命百岁、寿比南山、松鹤延年等。

八仙拱寿：八仙是我国传说中的八位神仙，有铁拐李、吕洞宾、汉钟离、张果老、何仙姑、蓝采和、韩湘子和曹国舅。拱寿是站着迎接寿星之意，象征吉祥、长寿。同类祝颂之词还有八仙庆寿、八仙仰寿、八仙祝寿等。八仙使用的神器为暗八仙，分别是葫芦、剑、扇、渔鼓、竹笊篱、阴阳板、花篮和横笛。上八仙有王母、杨戬、寒山、拾得、刘海、白猿、太白、寿星。

长命百岁：多在长命锁上刻有"长命百岁"四字，老人百岁之时也用于祝颂。

东方朔捧桃：汉代忠臣，长于文才。传说东方朔特别喜欢桃，常偷王母的寿桃吃。常用以祝颂有才能或有口才的人的寿辰。

麻姑献寿：麻姑是仙女，住在蓬莱岛，传说她能掷米成珠。三月三，王母寿辰，举办蟠桃盛会，麻姑在绛珠河畔用灵芝酿酒，携酒前去向王母献寿礼。祝贺女寿星时常用此语。图案多以仙姑手托酒盘或寿桃表示。

蟠桃献寿：蟠桃是仙桃，相传三千年才开一次花，再三千年才结一次果。王母三月三生辰也是蟠桃成熟之时，届时王母大摆寿筵，邀请众仙赴瑶池庆

青田封门黄雕件《鲤鱼》(青石斋)

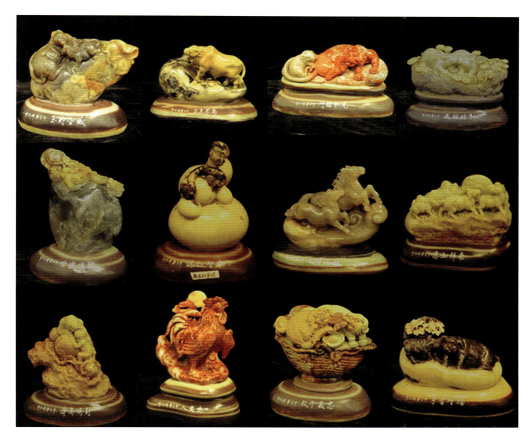

青田石摆件《十二生肖》(叶碎巧作品)

贺。此语表示祝福长寿。

齐眉祝寿：画面由梅花、竹子和绶带鸟组成,梅与眉、竹与祝、绶与寿同音,齐眉有夫妻相敬之意,寓意夫妻同长寿。

十二生肖：古人用十二种动物配十二地支:子为鼠,丑为牛,寅为虎,卯为兔,辰为龙,巳为蛇,午为马,未为羊,申为猴,酉为鸡,戌为狗,亥为猪。后来人们将自己出生的年份与其相配,肖什么动物,称属什么,比如酉年生的肖鸡,则称属鸡。生肖玉雕佩件十分流行,据说佩戴保平安,祛邪气。

寿比南山：《诗经·小雅·天保》:"如南山之寿,不骞不崩。"南山,也称终南山,此语和福如东海是祝寿最为常用之颂词。

青田石摆件《松鹤延年》(艺海石屋)

寿山福海:来自"寿比南山,福如东海"之语。画面以岩石寓意寿山,大海和蝙蝠寓意福海,为祝寿之词。

松鹤长春、松鹤延年:画面以松树和仙鹤表示,寓意夫妻长寿百岁,相伴永远。

天长地久:《老子》曰:"天长地久,天地所以能长久者,以其不自生,故能长久。"后人将此语引申为祝寿之词,祝生命像天地一样长久。用天竹、瓜藤表示。

西王母:又称王母、金母、王母娘娘,住在昆仑山之巅的金宫玉殿,左有瑶池,右有翠水,每逢蟠桃成熟的三月三,王母就大摆寿筵,邀众仙赴会瑶池庆寿,为此人们将王母作为长生不老的象征。

岁寒三友:松、竹、梅或竹、石、兰常被称为三友。松有坚强不屈、寒暑不变的品格;竹高雅不俗,虚心而能自持;梅不惧风雪,品性高洁;兰花比喻君子;石千年不变,表示

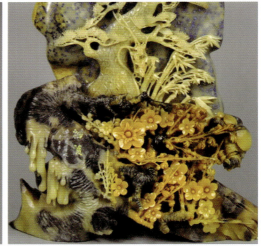

青田石摆件《岁寒三友》(异石斋)

长寿。

7.姻缘

爱情是千年永恒的题材,许多忠贞不渝的爱情故事世代流传。爱情忠贞、婚姻美满、家庭幸福、子孙兴旺是人们向往和追求的。直接用文字表示的词语常见有白头到老、花好月圆、举家欢乐等。

白头富贵:图案是牡丹树上站着两只白头翁。牡丹寓意富贵,两只白头翁表示夫妻,表示夫妻白头到老、富贵长久。

百子图:由一百个形态各异的童子构成,表示子孙众多,人丁兴旺。也有用石榴来表示多子的意思,寓意多子多孙。

并蒂莲:又称并头莲,意指并排在同一根茎上的两朵莲花,用来比喻恩爱夫妻相亲相爱、情投意合。

瓜瓞绵绵:大者曰瓜,小者曰瓞。瓜,籽多藤长,大小瓜结在绵长的藤上象征子孙万代、世代绵长,又意指良缘之喜。常用累累的大小瓜和绵长藤蔓表示。

和合如意:由荷、盒和灵芝构成,寓意和谐美好、称心如意。

花好月圆:晁端礼《行香子》词曰:"莫思身外,且斗樽前。愿花长好,人长健,月长

青田石摆件《白头富贵》(艺海石屋)

青田石摆件《莲开并蒂》(石之韵)

青田封门青摆件《瓜瓞绵绵》(青石斋)

圆。"后来常用作祝贺新婚的贺词。常用圆月和盛开的花朵表示。

举案齐眉：传说东汉梁鸿年幼时就父母双亡，自己努力学习，成为著名学者。其妻孟光身胖面丑，但心地善良，品德行好。婚后两人隐居山中，以耕织为生，相敬如宾，生活愉快。后居住到朋友皋伯通家里，孟光每次送饭给梁鸿时总是将食案举到与眉毛一样高，表示诚挚和敬爱之意。后人将此语形容夫妻相互敬重之意。

比翼双飞：出自《尔雅·释地》："南方有比翼鸟焉，不比不飞。"借比翼鸟的双宿双飞，比喻夫妻形影不离、心心相印。

青田石摆件《比翼双飞》(艺海石屋)

封门石摆件《吊兰　翩翩仙子》(石君斋)

鸾凤和鸣:相传鸾是一种与凤凰同类的神鸟,后人多用来比喻男女婚姻美好、夫妻和睦、相亲相爱。

吹箫引凤:相传秦穆公之女小名弄玉,不仅如花似玉,还擅长吹笙,自成音调,其声宛如凤鸣。某天夜里,弄玉在"凤楼"上吹笙,远远好似有和声传来,余音美妙,如游丝不断,此后弄玉茶饭不思。秦穆公知道后派人找来了这个少年——萧史,弄玉的病不治而愈。从此,弄玉天天在凤楼和少年合奏笙箫,伉俪应和。某一天夜里,两人正在皎洁的月光下合奏,忽然有一龙一凤应声飞来,于是萧史乘赤龙,弄玉乘紫凤,双双驾云而去。表达了对美满婚姻的期盼。

麒麟送子:麒麟是祥瑞之兽。画面一童子骑在麒麟背上,有祥云、仙鹤、蝙蝠相伴,此语是祈求或祝福早生贵子之意。

因何得偶:荷花和莲藕、莲子等组成画面。何与荷、偶与藕同音,更因为开荷花才结藕,寓意良缘之喜,为新婚祝颂的吉祥词。

鸳鸯贵子:图案多为鸳鸯和荷叶、莲子构成。鸳鸯成双成对,形影不离,人们将鸳鸯视为爱情忠贞不渝、婚姻幸福美满的象征,同时会生养好子女。

竹梅双喜:画面以竹子、梅花和一对喜鹊来表示。李白诗曰:"郎骑竹马来,绕床弄青梅。同居长干里,两小无嫌猜。"描写一对小儿女天真烂漫嬉戏之景。竹梅指夫妻,为新婚祝颂之词。

子孙万代:用许多葫芦和藤蔓表示,寓意子孙万代、生生不息。

8.辟邪

辟邪是一种传统题材,从远古石器时期到现代文明社会对人们都有一定影响。这大概是人们的一种愿望。古人专门想出一种叫辟邪的异兽,还有许多门神、哼哈二将、钟馗等都是用于避邪。

暗八宝:分别是铁拐李的葫芦、吕洞宾的宝剑、汉钟离的扇子、张果老的渔鼓、何仙姑的荷花、蓝采和的花篮、韩湘子的横笛和曹国舅的阴阳板,据说可以避邪气、呈吉祥。

八宝:古人认为有八件物品是宝贝,可以避邪气和保平安。如,宝珠、古钱、玉磬、犀角、红珊瑚、铜鼎、灵芝、如意。

八卦:《周易》之八种图形,其中心有阴阳鱼形图,不同图形分别为乾、坤、震、巽、坎、离、艮、兑,表示天、地、雷、风、水、火、山、泽八种自然现象。据说不同卦象可以预兆凶险吉祥。

辟邪:传说中的神兽,头有较短的两角,似狮子,带翼。古人云:"被除不祥,故谓之辟邪",又云"射魃、辟邪除群凶""辟邪,言能避御妖邪也"。常见于古代玉雕中,用于辟邪。

布袋和尚:又称弥勒佛,五代后梁时期的僧人,名契此,又号长汀子。常以杖背一布袋云游四方,自称弥勒化身,据说能示人吉凶,十分灵验。现在佛教寺庙都有弥勒佛像。弥勒佛在玉雕中十分常见,人们常佩戴或陈列家中,以保平安。

青田黄金耀摆件《祥龙》(青石斋)

观世音菩萨:观世音是阿弥陀佛的左胁侍,大慈大悲菩萨,相传遇难众生只要念其名号,观世音就前去拯救解脱。观世音菩萨的说法道场在浙江普陀寺,诞辰日为阴历二月十九,成道日为六月十九,涅槃日为九月十九。观世音是最为常见的石雕题材,人们常佩戴或供奉在家中,祈求平安吉祥。

龙:龙是石雕中最为广泛的题材。龙身长,有须、驼首、鹿角、蛇身、鱼鳞、鹰

青田红花石蓝花钉摆件《麒麟吉祥》(石君斋)

爪,能腾飞,能行走,能潜水,能行云布雨,也能祛邪致福,是造福万物的神灵。

龙生九子:龙生九子,各有所好。蒲牢形状似龙,性好吼,多作古铜钟的上纽;饕餮好饮食,常立于鼎上;睚眦性好杀,常立于刀环上;椒图形似螺蚌,性好闭,常为门的铺首;金猊形似狮子,性好烟火,故多立于香炉;蚣蝮性好水,故多立于桥柱;狴犴形状似虎,很有威严,常立于狱门;赑屃形体像乌龟,喜欢驮重物,故常用于石碑下部龟趺(基座);螭吻形似兽,口润嗓粗而好润,多作殿脊两端的吞脊兽,取其灭火消灾。

麒麟:古代传说的祥瑞神兽,雄为麒,雌为麟,其身体像麋身,牛尾,狼蹄,一只角。是吉祥平安、太平盛事、天下统一的象征,也可辟邪赐福。是青田石雕中的重要题材。

十八罗汉:释迦牟尼佛曾令十六罗汉前往人世间普度众生,后增加到十八位罗汉。十八罗汉形态各异,各司其职。传说佩戴或供奉罗汉可以保平安,祛邪恶,是青田石雕中的重要题材。

释迦牟尼佛:佛教创始人,原名乔达摩·悉达多,因其父为释迦族,成道后被尊称释迦牟尼,意为释迦族的圣人。相传释迦牟尼是古印度迦毗罗卫国净饭王之子。他有感于人世间的各种烦恼,欲求解脱,出家修行,觉悟成佛。八十涅槃于拘尸那迦城。诞辰日为阴历四月初八,成道日为十二月初八,涅槃日为二月十五。

四神:也称四灵,指青龙、白虎、朱雀、玄武。青龙代表东方,为四神之首;白虎代表西方,为岁中凶神,人皆避之;朱雀代表南方,为吉祥威武之鸟;玄武代表北方,形似大蛇缠绕巨龟之状,又称龟蛇,位于北方为玄,身有鳞甲为武,故称玄武。

饕餮:传说中的一种凶恶贪食的野兽,古代铜器及玉器,尤其玉琮上面常用它的头部形状做装饰。青田石雕件中也常见。

青田石摆件《十八罗汉》（叶碎巧作品）

天中辟邪：天中指阴历五月初五的天中节，即端午节，画面由钟馗手持宝剑表示，寓意端午辟除邪祟、保平安。

钟馗：传说唐明皇患病时梦见大鬼吃小鬼，明皇问之，大鬼自称钟馗，生前应试武举获得会元，殿试时因相貌丑而被黜，受到不公正对待，忿极便触石阶而身亡，为此决心消灭天下妖孽。睡梦醒来，明皇召画工吴道子绘出钟馗图像，敕令于岁暮之时悬挂以祛邪魅，成为人们认为镇邪祛恶的正义神明。钟馗吃鬼、钟馗打鬼、钟馗嫁妹、钟馗役鬼、钟馗斩狐等均为镇邪除恶的内容。

9.神话与传说

中国古代神话传说很多，有的神话传说十分动听而感人，给人以启示。

和合二仙：分别是寒山和拾得，均为唐代僧人，彼此是朋友。后封为和仙和合仙，常以两童子表示，一个手拿荷花，一个手捧圆盒。取和谐合好之意。

青田龙蛋石摆件《和合双仙》(叶碎巧作品) 青田封门菜花黄"博古夔龙纹纽章"(文墨堂)

精卫填海:传说炎帝的女儿在东海溺死后变成精卫鸟,衔西山之石,要填平东海。

夔凤、夔龙:传说中的一种奇异动物,样子像龙,只有一条腿,如画成凤为夔凤,画成龙则为夔龙。商周铜玉器上多夔状纹饰。

鲲鹏:传说中的大鱼和大鸟。《庄子·逍遥游》:"北冥有鱼,其名为鲲。鲲之大,不知其几千里也。化而为鸟,其名为鹏。鹏之背,不知其几千里也。"鲲鱼化为鹏鸟,一步千里,前途远大。

麒麟献书:麒麟是传说中的神兽,孔子睡梦中看见一男孩用石头打一只麒麟,孔子非常生气,十分可怜受伤的麒麟,就用自己的长袍遮

青田石摆件《鹏程万里》(青石斋)

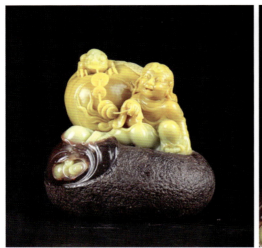

青田封门黄金耀摆件《刘海戏金蟾》（石君斋）

盖在麒麟身上，并为麒麟包裹好伤口，麒麟感激孔子，从口中吐出三卷书，孔子从书中得到许多知识，成为闻名于世的大圣人和思想家。

刘海戏金蟾：传说刘海原名叫刘海蟾，号海蟾子，五代后梁陕西人，燕王刘守光的丞相，后成仙，化鹤而去，道家南宗奉为祖，后人当作福神。现今画面由刘海戏一只三足的金蟾和一串铜钱构成，寓意有福有钱。

洛神：传说伏羲之女宓妃，溺死洛水，后来人们称之洛神。屈原在《离骚》中写过洛神，曹植在《洛神赋》中赞美过洛神。

女娲补天：女娲人首龙身，头梳高髻，上体着衣，曲尾下垂，传说她以黄土造人，成为人类的始祖，古时天崩地裂时女娲炼五色石补天，折断鳌足支撑四极，战洪水，驱野兽，使人类安居乐业。

天女散花：佛教故事，描写佛界维摩室中有一天女，姿容绝美，她常以天花散在各菩萨和弟子身上，以此检验他们的道行。花散在菩萨身上时皆落下，散在大弟子身上花却不会落下。后人将天女散花寓意春到人间、万紫千红。

嫦娥奔月：传说嫦娥是后羿的妻子，偷吃长生不老药后飘然飞天，住在月中广寒宫，与捣药的玉兔和砍树的吴刚为伴，人们将嫦娥称作月神。

达摩渡江：达摩是南天竺僧人，北南朝时航海到中国，在洛阳、嵩山传教，曾在嵩山少林寺面壁九年。

济公：原名李修元，南宋高僧，天台县永宁村人。他戴破帽、拿破扇、穿破鞋、穿垢衲衣，貌似疯癫，初在杭州灵隐寺出家，后住净慈寺，不受戒律拘束，嗜好酒肉，举止似痴若狂，是一位学问渊博、行善积德的得道高僧。他好打抱不平，息人之争，救人之命。

盗仙草：《白蛇传》故事，说的是白蛇苦修千年得以人形，邂逅书生许仙于断桥，萌生恋情，白蛇与许仙终成眷属。时逢中秋佳节，夫妇邀月开怀畅饮，白娘子不胜酒力现出原形，许仙受到惊恐而猝死。白娘子决心舍命上昆仑山盗仙草救许郎还魂。为救相公，白蛇与青蛇大战护山仙童，并从仙山盗来了一株仙草，使得许仙得以生还。

米芾拜石：米芾生于山西太原，北宋著名的书画家和诗人。米芾非常喜欢石头，一天在得到一块精美的石头时兴奋不已，并为之沐浴更衣拜石于庭下，还说道："我想石兄有二十年了。"后又把石头称为洞天一品。

木兰从军：花木兰是南北朝时的巾帼英雄，为了抵御外族入侵，木兰代替年老的父亲入伍，女扮男装十二年，终于胜利而归，被后人传为佳话。

红线盗盒：红线是唐代潞州节度使薛嵩的侍女，精通经史、音律和武艺，聪明过人。潞州附近的魏博节度使田承嗣募军养武，妄想吞并潞州，薛嵩闻知日夜不安，红线见状请命前去探察，红线潜入田府，田承嗣正酣睡，红线将其身前的金盒盗走，一更动身，三更即回。第二天，薛嵩将金盒送回，并

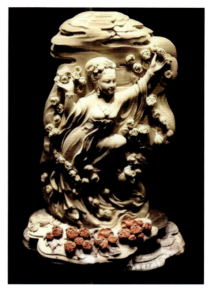

青田石摆件《天女散花》
（青田石博物馆收藏）

青田石摆件《嫦娥奔月》

青田龙蛋石摆件《达摩》（异石居）

青田石旧雕《红线女》

修书一封。田承嗣见到金盒大惊失色，明白当时要取自己首级易如反掌，非常惧怕，不得已解散武士，与薛嵩和好。

九方皋相马：九方皋，春秋人，善相马，伯乐推荐给秦穆公。一天九方皋报告发现一匹很好的黄色母马，秦穆公一看却是黑色公马，秦穆公对伯乐说："九方皋连马的颜色和公母都不分，你推荐他相马岂不是笑话？"伯乐说："相马主要看骨骼和精神，其他都是次要的，看来九方皋的相马技术比我高明。"随后伯乐把马牵来一看，果然是匹千里马。

伯乐相马：秦代著名相马者，韩愈说："世有伯乐，然后有千里马。千里马常有，而伯乐不常有。"伯乐过虞坂见骐骥伏盐车下，马见伯乐而长鸣，伯乐见马而泣之，千里马拉盐车，真是大材小用。

伯牙鼓琴：伯牙是春秋人，善弹琴。伯牙学琴三年不成，一日随师父成连到蓬莱，闻听大海澎湃之声，受到启发，琴艺大进。后与钟子期为知音，子期死后，伯牙不再弹琴。

十二金钗：《红楼梦》中的十二位女子，每人都有一个代表故事，如黛玉葬花、宝钗扑蝶、元春省亲、迎春诵诗、探春结社、惜春作画、湘云拾麟、李纨课子、熙凤设局、巧姐避祸、可卿春困、妙玉奉茶等。

十二花神：一月梅花神寿阳公主，南朝宋武帝之女；二月杏花神杨贵妃，唐玄宗妃

子;三月桃花神息夫人,息是西周分封的诸侯国;四月牡丹花神丽娟,汉武帝宫人;五月石榴花神卫夫人,东晋书法家;六月荷花神西施,春秋末年越国苧萝人;七月葵花神李夫人,汉代音乐家李延年之妹;八月桂花神徐惠妃;九月菊花神左贵妃;十月芙蓉花神花蕊夫人,十国后蜀费氏,青城人;十一月山茶花神王昭君,西汉湖北人;十二月水仙花神甄宓,被谥为文昭皇后。

苏武牧羊:苏武,西汉杜陵人。西汉天汉元年苏武奉汉武帝之命出使北部匈奴,匈奴王单于扣留汉使,欲劝苏武投降,苏武威武不屈,最后持汉书到荒凉的贝加尔湖牧羊十九年,汉匈和亲,苏武才获释回汉,此时他已须发皆白。

五客图:北宋文学家李昉,称五种鸟为五客:白鹇为闲客;白鹭为雪客;白鹤为仙客;孔雀为南客;鹦鹉为西客。

五老图:北宋时期,杜祁公告老隐居河南商丘,与王涣、毕世长、朱贯、冯平一起被称为五老会,年皆八十余,身体健康。

五清图:古人以松、竹、梅、月、水为五清,有清爽、清白之意。

青田石旧雕《義之爱鹅图》小插屏

義之爱鹅：传说东晋时代大书法家王羲之喜爱养鹅，曾书写一卷《黄庭经》，用以换得道士的一笼白鹅。王羲之喜欢养鹅，从鹅的入水姿势研究出写字行笔的方法。

酒中八仙：唐代的八位诗人、文学家，即贺知章、李琎、李适之、崔宗之、苏晋、李白、张旭和焦遂互为酒友、诗友，兴趣相投，性情豪放不羁，时人称之为酒中八仙。

竹林七贤：三国时期魏国末年的七位名士：嵇康、阮籍、山涛、王戎、向秀、刘伶、阮咸。七人曾在河南修武的竹林聚会，肆意酣畅，说古论今，因此称为竹林七贤。

十八学士：唐太宗时设文学馆，收聘贤士，以杜如晦、房玄龄、于志宁、苏世长、姚思廉、薛收、褚亮、陆德明、孔颖达、李玄道、李守素、虞世南、蔡允恭、颜相时、许敬宗、薛元敬、盖文达、苏勖十八人并为学士。

香山九老：唐代末年，因朝廷的腐败，胡杲、吉旼、刘贞、郑据、卢贞、张浑、白居易、李元爽及禅僧如满九位老者，对当时的朝廷不满，看不惯世俗，又因志趣相投，结为九老会，因此得名"香山九老"。

八音图：指钟、磬、琴、箫、笙、埙、鼓柷、围八种乐器，包含了中国古代所有乐器。

九锡：古代皇帝赐给有功之臣和诸侯的九种物品：车马、衣服、乐则、朱户、纳陛、虎贲、弓矢、铁钺、秬鬯。虎贲为勇士之意。秬鬯是古代以黑黍和郁金香草酿造的酒，用于祭祀降神及赏赐有功的诸侯。

九思：《论语·季氏》："君子有九思：视思明，听思聪，色思温，貌思恭，言思忠，事思敬,疑思问,忿思难,见得思义。"

九歌:为楚国屈原所作,分十一篇,分别是:《东皇太一》《云中君》《湘君》《湘夫人》《大司命》《少司命》《东君》《河伯》《山鬼》《国殇》《礼魂》。

三君图:东汉时期有三位受人尊敬的人,他们是陈蕃、窦武、刘淑。

太白醉酒:李白,唐代大诗人,曾被唐玄宗召进京,担任翰林供奉。他不肯阿谀奉承皇帝身边的权贵,传说李白喝醉酒后写诗,要杨贵妃捧砚,高力士脱靴。

文姬归汉:蔡文姬是东汉末年著名女诗人,嫁给匈奴左贤王十二年,后曹操以金璧赎回文姬。她写下《悲愤诗》,是一篇五言长篇叙事诗,具强烈的感染力。

文君听琴:卓文君是汉代有才华的美女。司马相如弹琴吸引了文君,互相爱慕,恩爱无比,最后冲破封建束缚,结为夫妻。

西施浣纱:西施是春秋末年越国人,绝色美女。西施在河边洗衣时,河水映出她美丽的身影,使得河里的鱼儿失神,纷纷沉入河底。

昭君出塞:王昭君是西汉南郡秭归人,是一位年轻美貌、举止娴雅的绝色美女,后远嫁匈奴,为促进汉匈友好做出贡献。

千金一笑:讲的是褒姒,她是周朝幽王妃子,美貌非凡,能歌善舞,幽王为讨其一笑,不惜花费黄金千斤奖赏烽火戏诸侯。"千金一笑"由此而来。

红叶寄相思:唐代书生于祐一日在御沟中拾得一片有诗的红叶,十分思念写诗的佳人,后唐宫放三千宫女出嫁,于祐娶得后宫侍女韩翠苹,不想红叶之诗乃她所题,令人惊叹不已。

千里走单骑:出自三国时期的历史典故。主要讲述关羽、刘备下邳失散,关羽陷身曹营。刘备去投袁绍,关羽得知刘备下落,单枪匹马保护二位皇嫂千里寻兄。

萧何月下追韩信:张良知道韩信是个人才,而在项羽部下未得重用,劝其弃楚归汉,并写了一封推荐信给他。韩信至汉,主持招贤的夏侯婴见韩信确有韬略,乃奏报丞相萧何。萧何面试韩信,大为赏识,竭力推荐于刘邦之前。刘邦以韩信出身低微,不允重用。韩信得知,假意逃走。萧何闻讯,立即前往追赶,夏侯婴亦随后追至。二人同劝韩信返回。韩信见二人意诚,便跟随他们返回汉营。萧何再荐于刘邦,示以张良推荐书,刘邦乃拜韩信为大将。

凤仪亭:吕布知道董卓纳貂蝉为姬妾,心怀不满。一日,吕布趁董卓上朝,入府窥探貂蝉,并邀至凤仪亭相会,这时董卓回府撞见,怒而抢过戟来,直刺吕布,吕布飞身逃走。从此二人互相猜忌,王允便说动吕布,除了董卓。

夜游赤壁:一夜,苏东坡与朋友泛舟在赤壁之下,江风阵阵拂来,良辰美景惹得众人心醉,诵句吟诗把酒言欢,滔滔江水引发思绪万千。随后,苏东坡写下了著名的《赤壁赋》。

桃园结义:当年刘备、关羽和张飞三人意气相投,为了共同干一番大事业,在一个桃花绚烂的园林,举杯结义为兄弟,对天盟誓,有难同当,有福同享,为开创蜀国做出了巨大贡献。

三顾茅庐:汉末,黄巾事起,天下大乱,刘备听徐庶推荐诸葛亮有学识、有才能,便去请诸葛亮出山辅佐他。前两次去都未能见到诸葛亮。第三次去请诸葛亮,到诸葛亮家门前,已经是中午,诸葛亮正在睡觉。刘备不敢惊动他,一直站到诸葛亮醒来,才彼此坐下谈话。诸葛亮见到刘备有志替国家做事,而且诚恳地请他帮助,就出来全力帮助刘备建立蜀汉皇朝。

华佗治病:华佗,汉末沛国谯(今安徽亳县)人,是三国著名医学家。少时曾在外游学,钻研医术而不求仕途。他医术全面,精于手术,被后人称为"外科圣手""外科鼻祖"。华佗治病的故事很多,广为流传。他通过问、看就能断定病人的病因,医术十分高明。

渔翁得利:出自《战国策·燕策二》:一只河蚌张开壳在河滩晒太阳,一只鹬鸟飞来啄

青田石摆件《关公》(石之韵)

青田封门青黄金耀摆件《渔翁》（石之韵）

住蚌肉,河蚌连忙合上壳将鹬鸟的嘴夹住,双方互不相让被路过的渔翁看到,将它们一齐捉住。比喻双方争执不下,两败俱伤,让第三者占了便宜。

虎溪三笑:虎溪在庐山东林寺前,相传东晋高僧慧远居住在东林寺时,送客不过虎溪。一日陶渊明、陆修静来访,三人相谈甚欢,相送时不觉过溪,三人大笑而别。后人于此建三笑亭。后世视之为儒释道三教亲和之象征。

踏雪寻梅:唐代著名诗人孟浩然情怀旷达,常冒雪骑驴寻梅,曰:"吾诗思在灞桥风雪中驴背上。"形容文人雅士赏爱风景苦心作诗的情致。

煮酒论英雄:三国时,曹操曾煮酒邀刘备宴饮,席间曹操刘备议论天下英雄。当曹说"天下英雄,唯使君与操耳"时,刘备闻之大惊,将筷子掉落。这时雷雨大作,刘备以胆小怕雷掩饰而使曹操释疑,并请征剿袁术,借以脱身。

10.历史人物

张良:汉代的开国元勋。楚汉战争时期为刘邦重要谋臣,提出不立六国后代,联结英布等力量,重用韩信,追击项羽歼灭楚军等计谋,为刘邦立下大功,后封留侯。

项羽:秦末农民起义领袖。在巨鹿之战中摧毁秦军,自立西楚霸王。随后在与刘邦争斗中败北,在乌江边上自杀。

司马迁:西汉文学家和思想家,出任太史令、中书令,写出我国最早的通史《史记》,开创纪传体史书的形式。

岳飞:南宋抗金名将。多次收复失地,击败金兵,成为民族英雄。后被秦桧等奸臣所害,宁宗时被追封为鄂王。

文天祥:南宋大臣、文学家。曾考进士第一名,历任刑部郎官等,后任右丞相,前往元军谈判,被扣留,后逃出。仍坚持抗元,失败被俘,最后被杀害。他写的《正气歌》为世人传诵至今。

五彩青田石雕嵌图《岳飞》

诸葛亮：三国时蜀国丞相，河南南阳人。为西蜀政权立下大功，一生鞠躬尽瘁，死而后已，成为后人的楷模。

二乔：三国时期吴国乔国老有两位美貌的女儿，叫大乔和小乔，分别嫁给吴国国君孙策和大都督周瑜。

杨贵妃：17岁被册为寿王妃（寿王李瑁，李隆基第十八子），27岁时被李隆基册为贵妃。唐天宝十五载(756)六月十四日，随李隆基流亡蜀中，途经马嵬驿，禁军哗变，38岁的杨贵妃被缢死，香消玉散。杨贵妃天生丽质，"回眸一笑百媚生，六宫粉黛无颜色"，堪称大唐第一美女。贵妃出浴、贵妃醉酒都是她的故事。

青田石雕刻题材还有很多，例如，神话、典故、生活、自然景观和人文景致等方面，一些很好的题材在青田石雕刻中得到运用。

11.花卉植物

梅花：梅花具有高洁、坚强、谦虚的品格，给人以立志奋发的激励。在严寒中，梅开百花之先，独天下而春，因此梅花又被民间作为传春报喜的吉祥象征。有关梅花的传说故事及美好寓意在我国流传深远,应用极广。

竹:节节挺拔,有拔节发叶、蓬勃向上之势,受到人们的称颂。常用它象征性格坚贞、志高万丈的高风亮节和虚心向上、风度潇洒的"君子"美誉。竹在中国玉石雕刻中亦被作为平安吉祥的象征。

松树:松以其丰姿雄态醉人千古。它是一种生命力极强的常青树。尽管冰冻风寒,还依然苍翠茂郁。它也是长寿的代表。

兰花:它特有的叶、花、香独具四清(气清、色清、神清、韵清),因而形象极高洁、清雅。古今名人对它评价极高,被喻为花中君子。

水仙:形态冰肌玉骨、清秀优雅、仪态超俗,雅称"凌波仙子"。水仙开花于新春佳节之际,被视为新岁之瑞兆,也是吉祥之花。

菊花:中国传统名花。它隽美多姿,然不以娇艳姿色取媚,却以素雅坚贞取胜,盛开在百花凋零之后。人们爱它的清秀神韵,更爱它凌霜盛开、西风不落的一身傲骨。古神话传说中菊花又被赋予了吉祥、长寿的含义。

莲花:在佛教上被认为是西方

青田石摆件《梅中五福》(叶碎巧作品)

青田石摆件《黄山松云》(叶碎巧作品)

青田石摆件《四君子（兰花）》（叶碎巧作品）　　青田石摆件《四君子（菊花）》（叶碎巧作品）

青田封门黄金耀摆件《牡丹》（石君斋）

净土的象征，是孕育灵魂之处。佛身多置于莲花之上，所以佛座亦称莲座。人们赞美莲花"出淤泥而不染，濯清涟而不妖"，中通外直，把莲花喻为君子。莲花是唯一将花、果（藕）、种子（莲子）并存的。它是美、爱、长寿、圣洁的象征，因此常借与"连"同音组合在传统的吉祥图案中。

牡丹：牡丹端丽妩媚、雍容华贵，兼有色、香、韵三者之美，让人倾倒。牡丹以它特有的富丽、华贵和丰茂，在中国传统意识中被视为繁荣昌盛、幸福和平的象征。

灵芝：又称瑞芝、瑞草，乃

青田石雕灵芝《如意》（叶碎巧作品）

为仙品。古传说食之可保长生不老，甚至入仙。因此它被视为吉祥之物。如鹿口衔灵芝表示长寿，如意的头部取灵芝之形以示吉祥。

蔓草：蔓生的草。蔓即蔓生植物的枝茎，由于它滋长延伸、蔓蔓不断，因此人们取其茂盛、长久的吉祥寓意。

第八章
青田石市场行情及选购

一、青田石市场行情

青田石和其他珍贵彩石一样,属于特殊商品,没有严格估价标准,也没有固定的价格,而且有很大的弹性。历史上它的价格有较大起伏,2015 年青田石雕价格有所回调,但其总的趋势却是一直上涨,甚至大幅升值。

据 1931 年资料,自温州运往上海转销美国的青田石雕,共计 2500 箱,每箱头等货值大洋一百元,次者值大洋四五十元。1939 年,石雕产量仅 4050 箱,产值 243000 元。

新中国成立后,1953 年全县石雕产值仅 9300 元。到 1956 年,青田石雕产值仅 22 万元。二十世纪五十年代,国有青田雕刻石的价格由轻工业部统一规定,特级(50 千克以上)每吨 150 元,一级(30 千克以上)每吨 106 元,二级(10 千克以上)每吨 80 元,三级(2 千克以上)每吨 60 元。1973 年成立的青田县工艺美术公司,大力发展石雕生产,该年完成石雕出口产值 106 万元。当年特级青田石每吨 230 元以上,一级每吨 150 元,二级每吨 110 元,三级每吨 80 元。私人开采的青田石价格自行商定,1973 年普通石料每 100 斤 11 元,1983 年 15 元,1985 年 35 元。优质石料每 500 克价格在几元、几十元至近万元不等。1975 年出口产值仅 34 万元,1977 年仅 63 万元。进入二十世纪八十年代,全县石雕产值大幅度上升,1984 年产值 200 多万元,1985 年为 622 万元,1986 年达 817 万元。据资料,1992 年青田石雕产值为 2600 万元,2002 年猛增至 4.3 亿元。近年来,依托当地的青田石资源,青田已拥有石雕工厂及创作工作室 400 余家,石雕企业 1300 余家,直接从事青田石雕刻的技术人员达 3000 多人,年产值近 16 亿元。据称,现在,青田石从业人数达到 3 万人,产值超过了 20 亿元。青田石雕价格也在迅猛攀升。

据业内人士介绍,2004 年,石质好、适宜雕刻的青田原石的价格每斤千元左右,而一块好的青田石原石价格甚至达到几万元。有人统计过,二十世纪七十年代到本世纪初,一块很普通的青田石价位就涨了 100 多倍。而一些好的青田石料,经雕刻大师的精心雕琢后更是价值倍增。如青田石雕的顶级大师的作品往往能使青田石收藏投资价值翻上几倍或几十倍。著名工艺雕刻大师牛克思的一件《枯木逢春》青田石雕,1999 年估价 70 万元,2003 年以 120 多万元卖出,而 2004 年估价已达到 200 万元,现在价值就更高了。

在收藏市场上,2005 年以来,青田石以黑马的姿态进入。据称,近两年青田石收藏保持每年 50% 的增长速度。2008 年,工艺美术大师陈小甫的青田石雕作品《喜鹊登门》在中央电视台《鉴宝》节目中被专家估价 30 万元。时隔不久,工艺美术大师张爱光的作

青田千丝纹摆件《枯木逢春》和金玉冻摆件《黄芽菜》(牛克思作品)

青田石摆件《金晖》（张爱光作品）

青田石摆件《江山多娇》（张爱光作品）

品《金晖》又被估价 60 万元。青田石印章的价格也扶摇直上，即使是普通的青田石作品三年也涨了 5 倍，精品更是足足涨了 20 倍之多。几年前，在一家青田石店铺中曾陈列一方 3 厘米×10 厘米的封门青精品印章，售价达到 100 万元，另一方 4 厘米×12 厘米的封门青精品印章售价高达 300 万元。在青田流传着一个成功投资者的传说，一位香港影星数年前在青田花 120 万元港币买了一位工艺美术大师的一套十二生肖青田石刻，据称，没半年时间转手卖出这套石刻，就赚了 200 多万。

2007 年 4 月 2 日在杭州举行的丽水工艺美术大师精品拍卖会上，现代青田石雕作品《江山多娇》以 130 万元人民币的落槌价，成为全场"标王"。《江山多娇》为封门金玉冻材质，高约 50 厘米，宽约 33 厘米，为工艺大师张爱光创作。本次拍卖会共有拍品 29 件，拍品还包括工艺大师牛克思的石雕作品《代代红》，45 万元起拍，落槌价 84 万元。

2011 年在西泠印社秋季拍卖会上，清代钱松 1855 年作刻的青田石徐之鉴自用印，估价 8 万~12 万元，拍卖成交价高达 71.3 万元。

据资料介绍，几年来拍卖的青田石印章，成交价高出起拍价数倍、数十倍。

拍卖名称	估价(万)	成交价(万)	拍卖日期	拍卖公司
1855年作〔清〕钱松刻印	3—4	380.8	2010—07—05	西泠拍卖(7)
奚冈刻青田石平纽印章	30—40	310.5	2013—11—19	中国嘉德(8)
1859年作〔清〕吴让之印	30—40	195.5	2014—12—15	西泠拍卖
赵之谦刻青田石平纽方章	100—180	195.5	2014—05—17	中国嘉德(9)
方介堪为张大千刻青田石闲章	60—70	189.75	2011—06—08	北京匡时
〔清〕吴让之刻凌毓瑞自用印	50—80	126.5	2013—12—16	西泠拍卖(10)
〔清〕吴让之刻青田石平纽印章	50—60	115	2013—11—19	中国嘉德

2010年7月5日,西泠拍卖成交一方清代钱松1855年刻的青田石范守知自用印,估价3万~4万元,成交价380.8万元。

在2010中国(青田)名石拍卖专场上,工艺大师倪东方的石雕作品《秋》被一位做房地产生意的老板以666万元高价拍下,惊动全场。据悉,近年来,666万元也不是青田石雕拍卖史上的最高价,1000多万元拍卖的青田石雕也时常出现。

据说,几年前一位西班牙华侨对一方青田石印章爱不释手,用一套140平方米的房子与印章拥有者交换。由此,人们开始尝试以青田石换房的商业模式。几年来,青田石雕确已在当地充当着货币般的角色,"石头换房"成为现实。青田城区房价较高,县城中心的房价要4万多元每平方米。近十几年来,青田的房地产公司根据市场风向,大胆推出了促销新模式,由房产公司和石雕业主依据市场行情共同商定某件石雕作品的价值和市场价格,再以此抵扣买房的首付费用。据不完全统计,2010年起,通过这种模式,青田县至今已成交了近200套的商品房,总销售额达3亿元人民币;抵扣的青田石雕及各类原石,总价值达到1亿元。

青田石摆件《秋》(倪东方作品)

青田石平纽印章（奚冈刻）

青田龙蛋石摆件《清风雅吉》
（牛克思作品）

一方上等青田蓝星印章便可买下侨乡一套100平方米的商品房，如果品好块大的话就是"天价"了。据说，倪东方大师收藏的一块"卧美人"金玉冻美石，在上海滩可以换一幢别墅。

2012年11月1日，首届中国青田雕刻石公盘交易会在青田开标。此次公盘交易会共展出1500多件标的物，不仅有中国"四大名石"产区的雕刻石，还有国外中高低档原石。吸引了近万人来到交易会地点山口华侨城，竞相参与看标和投标，成交率达55%，成交总额达3128万元。

西荣阁2012首届拍卖会国石玉器专场会上，一件由工艺大师牛克思雕刻的名为《清风雅吉》的青田龙蛋石雕件，尺寸33厘米×60厘米，成交价115.5万元。

据陈倩华介绍，在2014年5月西泠印社的春拍"文房清玩·印石三宝专场"上，"青田灯光冻石纽章三方"和"青田灯光冻石章五方"两套组章受到热烈追捧。其中，"青田灯光冻石纽章三方"近50克，以63250元的价格成交，平均每克1265元。北京匡时2013年秋拍卖一件"1863年作赵之谦刻封门青自用印"，以161万元的高价成交，高出估价2倍余。同年6月，在北京举行的一场"青田石雕专场拍卖会"上，中国工艺美术大师倪东方的石雕作品《春色锦绣》更是以1500万元价格成交，创下了青田石雕拍卖历史最高纪录。另外，林观博大师的作品《繁花似锦》和徐伟军大师的《清晨练习曲》分别拍出360万元和470万元的高价；一方50克的封门青印章拍出16万元，每克将近3200元。

青田石平纽方章（赵之谦刻）　　　　青田石摆件《春色锦绣》（倪东方作品）

2014年，青田县印石协会发布了青田印石按克计价信息，其中灯光冻基准价为每克5600元，封门青基准价每克3300元。对比当年金价，分别是黄金价格的22.95倍和14.73倍。据介绍，发布印石按克计价信息，这在全国"四大名石"产地还是首创。这一基准价的诞生，是由30多名石雕专家对青田县印石协会提供的40多款不同规格印石价值进行评估后得出的平均价格，基本代表了当年青田印石价格的水平。

前些年，青田石的价格连连攀升，普通石料三年内翻了5倍，精料则足足涨了20倍之多，甚至有一方印章十年暴涨200倍。而今，青田石佳品，如封门青系列的灯光冻、竹叶青、黄金耀、蓝星等高档石料，都是论克卖，每克最低以一万元起步。随着投资队伍的日趋庞大，越来越多的投资者愿意以高价收藏青田石，更促进了其价格的水涨船高。2013年6月30日，荣宝斋上海春拍的慕贤居藏书画雅玩专场中，一件青田蓝星山子摆件最终以260万元的价格落槌。现在的青田石已经变身为一种时尚的投资选择。

据知情人士透露，一件60厘米×40厘米的张爱廷大师的青田石狮球摆件，在2008年以50万元购入，仅一年时间，转手就用石雕换了一套当时市值200多万元的大房子，而仅四年这件作品价值已涨至500万元，足足翻了10倍。可见，收藏大师青田石雕作品的升值空间是非常巨大的。

2014年召开的第22次APEC领导人非正式会议上，赠给21位与会领导人的精美印章夺人眼目。该印章由西泠印社的篆刻大师费名瑶先生创作治印，印章石材是青田

吴昌硕青田石自用印

石菜花黄。菜花黄刚锯出来的时候是青白色的，随着时间的推移，慢慢变黄，越发好看，显得非常富贵。

据报道，一位青田华侨告诉记者："2014年资金周转困难时，把10年前收藏的一件青田石雕卖了1000万元，价格翻了100倍。"据雅昌艺术网讯报道，2015年6月7日，北京保利2015春拍"与古为徒——刘氏《有容堂》旧藏吴昌硕自用印及名家篆刻"专场拍卖会上，共推出81件名家篆刻，其中，吴昌硕第三子吴东迈旧藏、刘汉麟递藏的"吴昌硕青田石自用印"以320万元起拍，成交价达到368万元，超最低估价3倍之多，创吴昌硕印纪录（拍前估价：120万元~200万元）。这枚篆刻有"同治童生，咸丰秀才"朱文的自用印尺寸为4.4厘米×4.4厘米×7.7厘米，堪称昌老作品中的翘楚。

青田某德籍华人收藏着的林如奎大师的石雕作品《高粱》，二十多年前花1800元购入，现在保守估计已达到500万元以上。一位台湾居民在1988年花20元人民币买了一块原石，再用100元钱加工后，将它卖出。而前几年，他又花了5万元买回这块石头，如今它已价值15万元。据说浙江青田一位石商老板17年前从山口封门一个石农手里买过来一块封门青，当时是3000块钱，专家曾说这块青田石价值500万元。

二十多年前，浙江青田石一位藏家将一方金玉冻以1500多元卖出，这方金玉冻被带到台湾。2010年这位藏家去台湾花了3万块钱又重新把它买回，现在人家已经出到三四十万元了，周边收藏家朋友们都很喜欢，但他也舍不得卖，于是就找了一个温州篆刻家刻上字，决定自己收藏。

浙江省宁波市某石雕艺术会所老板收藏了一件青田石精品雕件《鸡菊》，2008年的时候，他有个朋友出价120万元购买没成交，2013年时同一个人已出价高达350万元。

青田石摆件《高粱》(林如奎作品)(青田石馆藏)

2015年7月26日,上海荣宝斋2015春拍"石苑雅集"专场在上海浦东香格里拉大酒店举槌。本场共推出以青田印石为主的"四大名石"印章、印材以及青田石雕雕件作品182件,成交额达300多万元,其中青田印石封门青、菜花黄占多数,深受市场欢迎。值得一提的是,此次拍卖的一套标的为0001号限量发行的"青田石雕"石材质邮票,以2.3万元的价格成交(拍前估价:2500元~8000元)。

2015年6月的"慈溪·青田石雕大师精品展"共展出国家级、省级等11位工艺美术大师的数千件精品。展览不仅达到了很好的宣传效果,还促进了青田县石雕企业在该地开设石雕专卖店的步伐,而且在市场行情普遍低迷的特殊情况下,逆向销售达到500

多万元。

青田石成为收藏投资界一直推崇的珍品是有原因的。首先，青田石雕是世界艺术宝库中一颗璀璨的明珠，不仅历史悠久，文化底蕴深厚，而且传承数千年，雕琢技艺更加精湛，越来越为人们所喜爱。其次，青田石质地纯净、细洁、温润如玉，色泽艳丽无比。由于开采历史悠久，青田石储量越来越少，且开采十分困难，许多青田石品种已经十分稀少，如名石中的灯光冻、黄金耀、封门青、蓝星、竹叶青、龙蛋石等，已是高价难求，特别是目前市场需求的迅猛增加，一些成色好的青田原石价格上涨飞快。

多年以来，青田县政府提出打造"中国石文化之都"的战略目标，大力发展壮大石文化产业，极大地推动了青田石雕产业快速发展。先后投资建设了几个大型青田石雕产业园区市场，投资 8000 多万元建设水南石雕工业园区，初步形成石雕加工产业集群；投资 2600 万元在山口镇建立中国石雕城；投资 1000 多万元在县城水南建设青田中国石雕工艺品市场；投资 3000 多万元建设青田石雕博物馆等，有效提升了产业层次。同时，青田又规划兴建青田石雕大师艺术群馆和中国原石市场，初步实现石雕产、赏、销一体化，成为国内最大的名石集散中心。据介绍，已建成的青田石雕小镇总规划面积约3.3平方公里，5 年完成总投资 50 多亿元。这些项目必将进一步促进青田石产业的发展。

青田 印园

二、青田石选购方法

青田石越来越为人们喜欢,但是,青田石有百余个品种,如何选购收藏却成为喜欢青田石爱好者的一道难题。这里介绍一些选购青田石的基本知识,希望能给大家一些帮助。

(一)青田石选购知识

1.关注青田石的天然属性

青田灯光冻、封门青、黄金耀产量非常稀少,目前青田石市场出现了一些假冒的青田黄金耀、封门青等,我们要仔细观察其真假,选购青田石时不能被其艳丽的色彩和晶莹剔透的外表所迷惑,我们必须了解青田石美丽的色彩和通透的质地是不是天然的,有没有经过人工处理过,这是十分重要的。一些所谓冻石通过蜡浸或油泡显得无比通透,可是,染色的青田石在一段时间后就会褪色,油泡过的冻石一段时间后也会显现干涩的石质或出现大的绺裂,它们将失去原有的价值。龙蛋石也是青田石的名贵品种。

近来有人在青、黄色冻石外拼贴上深紫色岩层以充龙蛋石。假皮感觉不自然,在深色与浅色石之间有树脂黏合的痕迹。

2.鉴别青田石的真假

青田石珍品价值很高,鉴别其真伪显得非常重要。假的青田石有用其他石头冒充的,也有完全用塑料等材料仿制的。青田石市场就有一些假冒的青田黄金耀、封门青等,常见用辽宁宽甸石或广东石

青田封门三彩雕件和蓝星方章

青田黄金耀摆件《水稻》（青石斋）

青田黄金耀摆件《百年好合》
（叶碎巧作品）

假冒封门青。宽甸石质细较透，光泽好，与青田石在外观上有近似之处，但其青色偏绿，肌理含浅絮纹，多砂，难以受刀。广东石有的偏鲜，有的偏白，肌理多白色斑纹。有的更有明显的层状矿石特征，两面较纯净，另外两面有较多斑纹。还有常见所谓的拼贴法，就是将优质封门青石料切成薄片，然后拼贴于普通方章的六个面，冒充高档青田石印章。由于使用对角拼接工艺，较难识辨。此种假章应仔细检验边角线，从中寻找拼接的蛛丝马迹。还有模压法，就是用石料添加颜料拌胶水压制而成，这种假石章外观上色彩纯净，无裂纹，无杂质，微透明，体量大，十分诱人。还有，市场上一些大的对章，价格也不贵，它们和青田石颜色花纹相似，颜色或红艳或金黄，质地通透。我们要注意这些石头可能是所谓的青海冻石、辽源石、辽宁绿、浙江石等低档石种，这些石头的石质都没有青田石的温润，色泽也没有青田石分明。它们共同的缺点是石质或很疏松或很坚硬，而且无法磨光。

3.注意各种青田石之间的价差

大家都知道青田灯光冻、封门青名贵，黄金耀价高，有人就会将普通的冻石或冻地很杂很浊的青田石冒充高档石料。例如，将一些被油泡变色的青田石称为"青冻"，其目的就是抬高品质，索取更高的利益。由此我们要注意，每种青田石的质量好坏，其价值差别也很大。所以，青田石的价值不仅在于其是否为天然,更重要的还要看青田石本身的质地、颜色、雕工等因素。

4.了解青田石质地的重要性

青田石的质地是指其颗粒粗细、质地细腻和结晶程度。如青田石质地疏松多孔,并已风化,表明其质地差。如青田石质地致密细腻、表面光洁,就是优质品。行内人认为青田石若具备细、洁、润、腻、温、凝,就称得上"极品"了。质地好的青田石才可能通透、细润、光滑,这样的青田石往往油性也好,不需要经常涂油上蜡也显得很温润。显然,质地好坏是辨别青田石价值的根本基础。

5.颜色是评价青田石的重要因素

青田石的颜色五彩斑斓,有红、橙、黄、蓝、青、绿、紫、白、黑、灰等颜色。不同的颜色也影响着青田石的价值,青田石艳丽色彩需要与通

青田石摆件《龙宫取宝猴》(叶萃巧作品)

透的质地搭配,才能显现青田石妩媚动人的美感本质。青田石以色泽艳丽纯正为佳,例如,青田石蓝星有许多不同的产出特征,星点有颜色深浅不一的,分布疏密不同的;石质温润度也有差异,优质的蓝星一定是星点色泽亮,蓝色醒目,分布疏密合适,质地致密温润。当然,在青田石雕刻过程中将青田石各种颜色用好、用活、用绝,其价值自然就会大大提升。一些巧雕的青田石雕件价值要比普通青田石雕件高出数倍之多。

6.关心青田石质地好坏

青田石质地好坏有两种含义:一是指其本身质地是否温润致密,质地温润致密的当数上品;二是其质地是否存在瑕疵和绺裂。在选购青田石时要特别注意青田石的瑕疵,如有砂钉存在不仅会影响到青田石的美观,而且也影响雕刻或篆刻。裂纹的存在也是青田石成品的致命伤,其价值会大减,尤其对于高档青田石更是如此。一些印章、小型饰物更要特别注意。其实,青田石绺裂大多存在,但是在青田石摆件、山子等较大雕件的雕刻过程中都对存在的绺裂做了处理,让人很难发现这些绺裂的存在。但是我们要

青田封门青摆件《桃花烂漫》(石君斋)

注意青田石雕件上有无通裂,这是青田石雕件上容易受损的隐患。有经验的买家通常先用干净棉布将青田石上的油擦掉,一定要擦干,然后用手"挤",从不同方向使劲挤每个侧面,如果有深裂,一定会挤出油来,油会沿着裂纹出来一条油线,同时,要注意印章上部和下部,要把印章倒过来擦干后暴挤,或许会发现裂纹。如果挤不出来油,那么手电就可以派上用场,用手电的强光照射表面,逐个面去细看,如果发现有的部位上有齐齐的一道白印,那多半是裂。有大裂的印章价格便降了七成。我们要了解,由于一些青田冻石开采于地下深部,到了地表会发生一些物理变化,裂纹很容易在印章天然纹理上出现,但是,上油后,裂纹被掩盖不易发现,所以我们要特别注意。同时,还要关注青田石雕件上有无粘接的现象,一旦存在,其价值将大打折扣。

　　7.选择雕刻精美的青田石艺术品

　　青田石雕刻技艺闻名天下,雕刻好坏也是影响青田石价格的重要因素。上佳的青田石雕刻艺术品一定是造型完美,主题明显,纹饰精美,线条流畅,雕工细致,磨光润洁。青田石雕刻名家作品的价格往往高出普通青田石雕刻作品的价格。大小、质地基本相同的青田石雕件两者比较,有的价格可能相差数倍之多,可见雕刻工艺的重要性。业内人士都知道,好石料一定要配好工,否则就浪费了珍贵的石材。现在,青田石雕刻出现一个新动向,人们对一些贵重青田石,如灯光冻、封门青等往往不做深度雕刻,只是做一些浅浮雕或根本不雕刻,仅将石表磨光而已,尽量保持原石形态和体积。原因有两点,一是可能没有合适的雕刻题材和雕刻大师,二是现在人们很注重石质,不愿轻易损坏珍贵的原料。选购青田石雕件一定要挑雕刻工艺完美的作品,其收藏价值才大。

8.挑选适合礼品赠送题材的青田石雕件

挑选青田石雕件送给亲朋好友已成为重要选择。我们知道,青田石雕刻有多种多样的题材,我们选择青田石雕件时一定要注意题材的真正意义,否则会引起误会,失去了礼品的意义。例如,为长者祝寿选择青田石就应选择长寿、如意等题材,不能选择升官、早生贵子等题材;鼓励青少年进步可以选择独占鳌头、连中三元,步步高升、马到成功等题材;祝贺新婚就选择花好月圆、并蒂莲、白头到老等题材。对不同地区、不同民族的各种风俗习惯都要了解,如一些花卉、昆虫、鸟兽代表着不同的意义,不能不加选择地随便赠送。

(二)青田石选购方法

要购买青田石就要尽可能认识和了解它。青田石有一百多个品种,要想全面了解认识青田石的品种是比较困难的。我们最好从知名的青田石品种开始认识和了解。尽管这些品种或许在青田石品种中的比例仅为20%,但它却占有青田石产量的80%。要想认识青田石的知名品种可以先通过有关书籍来初步认识青田石。尤其一些稀有的青田石品种在市场上很难看到,只有在书中才能了解。然而,纸上谈兵远远不够,必须通过实践才能真正了解青田石,市场是个大课堂,只有多看石头,多摸石头,才能体会青田石不同

青田石摆件《招财进宝》(叶碎巧作品)

封门彩摆件《深秋美》(青石斋)

品种的石性。认识一些青田石的品种，是学习收藏青田石的必由之路。当然，仅仅知道青田石品种是远远不够的，因为，同一品种的青田石价值差别很大，所以品种并不能完全决定其价值，而是品质决定价值。什么样的青田石品质好呢?业内行家总结出"六德三贱"之说。"六德"即细、洁、润、腻、温、凝。其中细是指质地不粗糙，致密细滑;洁是指质地不松软，结构紧密;润是指质地不干燥,温润娇嫩;腻是指质地不缺油,光泽明亮;温是指质地活灵,内含宝气;凝是指质地不浮散,庄重聚集。细、结、润、腻、温、凝六个字包含了对青田石评判的所有内涵。"三贱"即粗、松、脆。粗是指质地粗糙,手摸发涩,全无光泽;松是指质地结构不紧密,轻碰即伤;脆是指质地硬而不柔,雕琢时容易崩碴或破碎。简单来说,青田石品质达到温润细腻、致密凝重、通透光洁、油润细滑就可称为上佳。有行家总结说,青田石雕珍贵在于石之美,首重质;石之品,观其相;石之艺,贵在独特。高品质青田原石具有"六相":纯——石质结构细密,具有温润之感;净——无杂质,具有清静之感;正——不邪气,具有正雅之感;鲜——光泽鲜艳,具有恒丽之感;透——照透明,具有冰质之感;灵——有生命,具有气脉内蕴、光彩四射之感。

购买收藏青田石一定要量力而行,初进青田石收藏界不可盲目攀比,要循序渐进,挑自己喜欢的,不要过分追求名石或名品。积累知识则要多听多看。但购买时不能过于相信什么专家或名人。随着自身鉴赏水平的提高,收藏档次也会逐步提升。青田石购买不要幻想有捡漏的机会。青田石卖家通常都比较了解和认识自己的石品,想在市场上捡漏几乎不可能。通过不断学习和实践,掌握了基本知识后,你的鉴赏眼光将会更加敏锐,这时你就会购买到物有所值的青田石作品,市场最忌讳贪便宜。

在市场上购买青田石雕件时,重点是观察、考量青田石雕件本身的具体情况。首先要弄清楚石种,不同石种价格差别比较大。也不能认为所有黄金耀、金玉冻都好。对石料要求质净、腻、莹,要求色纯、正、鲜,要求石料方、高、大。石料"净"指的是纯洁度高,洁净无瑕为上品;"腻"指的是石料的细密度,致密温润为上品;"莹"指透明度,以通灵莹澈为上品;"色"就是石料的颜色。青田石颜色多彩缤纷,其色有单色、双色乃至多色混合,色彩的变化也非常复杂,时而浓淡渐变,时而色界分明,从而产生出种种美丽的花纹图案。青田石色彩要求达到纯、正、鲜。青田石原石能呈方、高、大者,其价值就高。

青田石的雕刻工艺是重要定价因素,要求一块青田石原料能够做到因料取材、因材施艺,能够达到青田石天然之美与工艺之美的有机结合。一件优秀的艺术品最重要的一点就是耐看,经得起时间的考验,越看越爱看。也只有这样,它的价值才会得到公认。这样的作品才真正富有艺术感染力,才有艺术价值。为此我们收藏鉴赏青田石雕时,要看其因材施艺是否恰当。青田石雕艺术最大的特点就是利用石料的天然纹理和色泽,雕刻出造型和纹理、色泽相适应的作品。我们在鉴赏和选购青田石雕作品时要看雕刻艺人在因材施艺方面的独到功力。看看是否充分利用石质、石形、石色、石纹来确定相应的题材与造型,而不是牵强附会,还要看雕刻技法是否合理。青田石雕有精细的浮雕、镂雕和圆雕等,要注意青田石雕刻刀法的表现效果。青田石雕的刀法具有独特的艺术风格,有简练的刀法,有朴茂的刀法,有浑厚的刀法,有秀凌的刀法。如薄意雕刻、花鸟雕刻,多用娟秀清晰的刀法。如人物圆雕、古兽印纽等雕刻则多用浑厚简朴的刀法,使之在手上把玩时不能刺手。

过去,人们选购收藏青田石时,首选要选灯光冻、封门青等,如今收藏灯光冻变得很难了,不仅数量少,而且价位非常高,非一般人能收藏。现在,人们可以将投资眼光放在观赏性上,升值空间潜力大,能和灯光冻媲美的青田石品种,比如封门青、黄金耀、蓝星冻、优质冻石和绝妙的图纹石。优质封门青、蓝星、冻石产量也非常少,石质多为透明状结晶体,通透凝腻,富有光泽,它们都具有收藏价值。一些青田图纹石构图精美绝伦,图形惟妙惟肖,也是收藏选购的佳品。

青田石收藏投资与其他艺术品投资回报一样，一般来说"大投入大回报"。即想要有较大的增值空间，所购买的也应是售价较高的精品青田石雕。而精品石雕的标准与石料本身的价值有关，灯光冻一块小小的原石就可能达万元；另外也与雕琢水平有关，名家雕刻的价值就高。当然，评判标准并非一成不变，有眼力独到的收藏投资家能花费较少的资金购买到高价值的收藏品。

总之，对于收藏青田石的初学者来说，先要多看石头，包括原石、雕件。同时，要多看各类有关青田石的书籍，多了解青田石的历史文化，把玩青田石时要端详其好或不好在哪儿；要多进行比较，通过比较能看出青田石的好与坏。有行家认为，青田石有好封门青，也有差封门青，玩差的封门青，还不如玩一块好的彩石。青田石收藏必须把握以下几个方面：一是纯，也就是青田石质地要干净，不要有杂质；二是艳，就是青田石颜色要艳丽夺目，让人过眼不忘；三是奇，色彩奇或纹理奇，色彩奇在巧雕、妙雕和绝雕；四是透，就是青田石质地通透，透的永远是比不透的好。透的石头少，结晶的更少。

青田石雕刻好石一定要配好工，好工才可能雕刻出一件好的艺术品。而艺术品的价格比工艺品的价格贵很多。收藏青田石雕，遇到好的青田石作品，一定要把握机会。

青田石摆件《经霜香熟》(叶碎巧作品)

三、收藏青田石的方法

由于收藏青田石目的不同,选购青田石品种及档次也会不同,例如,有人收藏青田石是为了保值升值,就多选择高档次、高价位的青田石精品。通常来说,青田石精品升值空间大,保值性更强。而一些低档青田石升值空间小,保值意义也不大。如果是因为自己爱好青田石而收藏,就要根据自己的喜欢和经济条件来收藏。收藏青田石常见三种方式:一是收藏青田石原石;二是收藏印章石;三是收藏青田石雕。当然也可混搭收藏。不管收藏哪一种,入门者还是应以收藏的心态来投资,应多看实物及相关资料,多跟专家交流,到产地考察,最主要的是提升自己的专业知识、鉴赏能力及审美眼光,做到边把玩边升值,充分发掘青田石那种独特的美,在收藏过程中修身养性,这才是收藏投资的魅力所在。

不管有什么收藏目的,收藏和投资青田石也做不到面面俱到。收藏青田石时要有选择,例如,可以收藏某个石种,如封门青、黄金耀等,也可以选择某个雕刻题材,如观世音、童子、寿星、貔貅等,或某种雕刻类型,如把玩件、摆件、挂牌、印章等,或某个名家创作的雕刻作品。只有这样收藏才能突出特色和彰显个性。某类藏石量大、品质佳,就可能得到市场青睐,从而得到很好的经济收益。常见的青田石收藏方式如下:

1.青田石种类的收藏

根据自己的实际情况和经济条件可选择其中某种石品作为收藏首选。经济条件好当然选择封门青或黄金耀来收藏,这种高档次石品的收藏数量不一定很多,但

青田石皮蛋绿印章(叶碎巧作品)

价值很高。收藏青田彩石类可以选择有特色、俏气的雕刻件收藏。收藏青田图纹石最好选择图纹清晰流畅、图案惟妙惟肖的石品。单一石种收藏是青田石行内最常见的一种方法。

2.青田石石种的收藏

青田石分为一百多个石种。可按矿区的石种收藏，例如专门收藏封门矿区青田石的所有石种，也可按各种冻石类收藏或图纹石类收藏。

3.青田石造型收藏

青田石从造型上分主要为原石、自然形、印章和雕件四个大类。一般来说原石和自然形收藏的多是高档石品，如灯光冻、封门青等等，现在人们多将体积大的名贵青田石仅做表面磨光处理，多不作加工或简单薄意雕刻，真是"惜石如金"。当然纹理、色彩颇佳的其他青田石品种也可以原石或自然形收藏。有人专门收藏印章，青田石原来就是一种印石，因此，收藏青田石印石也是一种选择。青田石印章价值最高，好的青田石印章收藏可以得到较高的经济回报。因为，印章精品必须选择石材中色彩好、结晶佳、纹脉漂亮和通透的部分磨制，这要求印章六个面都完美无缺，十分不易，有时耗掉几倍的石料才能得到一枚好的印章。现在，青田石雕件也成为收藏的一个大类，由于雕刻的种类多、题材广泛，价位档次有很大差异。它们可以是摆件、挂件，也可以是把玩件，收藏选择空间大，

青田石摆件《老虎》(青石斋)

青田黄金耀摆件《弥勒佛》(青石斋)

可以适合各类人群的需求,为此受到人们喜欢。还有部分随便打磨一下的低档次的自然形青田石,人们收藏它多是为了学习、了解青田石或篆刻的初学者。

4.青田石雕刻题材的收藏

青田石雕件作品佛教题材比较常见,例如佛祖、观音、罗汉、达摩、弥勒、济公、钟馗等必不可少,还有一些传统神话、历史典故等,也有各种动植物、人物等内容表现。人们可以选择某种题材收藏,如观音或神话等题材进行收藏。青田石印章中的纽章也有各种题材,一般有神兽、动物、人物、花果、博古图案、钟鼎器具等,也有

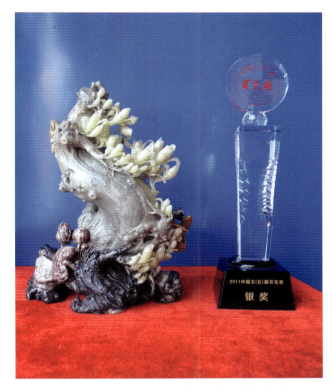

石雕大师叶碎巧作品《满堂春晖》,荣获"2011年中国玉(石)器百花奖银奖"

相互之间搭配雕刻的印纽,还有十二生肖、十八罗汉等组合的印章纽和三连章、九连章等。印章侧面雕刻题材的图案与中国画常见题材很相近,用浮雕及薄意,以花鸟、山水、民间故事和人物为主,有的还有刻字和微雕。人们可以选择某种题材的纽章收藏。

5.青田石品种完整收藏

收藏青田石所有的品种,也是一种非常好的收藏方式。但是,这种收藏方式不仅花费很多时间,也需要一定的经济基础支持。收集到一套完整青田石品种样品,收藏者会得到精神上的满足,因为,收藏完整的青田石样品就是一个"青田石博物馆",对研究青田石、鉴赏青田石都有重要意义。其实,真正收藏一整套完美的青田石品种几乎不可能,因为,一个品种的青田石,其色泽、纹理、质地都有较大差别,真是"青田石收藏没有最完整,只有更完整"。

6.青田石精品收藏

如果经济条件允许，以投资为目的的收藏应该选择青田石精品收藏，其回报也是最高的。我们知道低档青田石往往产出数量多，没有太多升值潜力，例如，一二百元的青田石印章，几十年后也仅能升值二三百元，所以其收藏价值不高。而一些青田石精品就不同了，例如封门青，近十年来，精品封门青涨幅有 100 倍之多。收藏精品青田石要重质量不重数量。青田石精品主要是选择青田石的高档品种。当然这些高档青田石石种也有好坏之分，青田石精品不仅是高档的品种，而且还是质地通透无瑕、颜色艳丽分明、石体硕大无绺的佳品。其实，过去不够重视的一些冻石精品，现在价位也在高涨，如金玉冻、蓝星等品种，如果其石体够大，质

在第三届 2011"良渚杯"玉石雕刻精品展上，叶碎巧大师与黄雪峰合作的青田石雕作品《千秋万代》荣获金奖

地清透、色彩明艳、无大瑕疵也值得收藏。

7.青田石小品收藏

如果受经济条件所限，可以收藏一些青田石小品，普通青田石价值还是比较低的，收藏者也能从青田石收藏中得到乐趣。这类收藏优点在于，一是收藏比较容易，二是花费不大，三是满足收藏青田石的愿望，做自己喜欢做的事情。小块度的青田石更有把玩

叶碎巧大师的作品《野趣》以青田岭头三彩石为材料,镂雕、圆雕、浮雕相结合

和随心所欲的味道。以一种轻松自在心态玩赏青田石,是一件很快乐的事。

青田石的收藏方法很多,收藏者可以根据自己的经济基础和收藏目的来选择。其实,我并不完全赞成只收藏青田石精品,也不赞成宁缺毋滥之说。青田石收藏可以不分档次高低、石品种类、雕刻品种及题材,只要青田石藏品有个性和特色,能满足收藏者的愿望就可以。要有以玩石头的心态来收藏,就会从收藏中得到快乐。

第九章
青田石的鉴别及养护

一、青田石的鉴别

(一)青田石鉴别方法

青田石鉴别有相似彩石的鉴别和仿青田石的鉴别。相似彩石有寿山石、巴林石、昌化石等,还有一些仿青田石品种。由于青田石的化学成分、矿物成分、光学特征、密度、硬度及外表特征具有特殊性,采用一些化学物理方法,可以科学准确地区分与青田石相似的寿山石、巴林石和昌化石等彩石,还可以准确鉴别青田石。

1.青田石的化学成分以三氧化二铝与二氧化硅为主,两者约占90%,其中三氧化二铝含量21%~28%。其他成分有三氧化二铁、氧化钙、氧化镁、氧化钠、氧化钾、氧化钛等。叶蜡石为晶体结构,单斜晶系。属层状硅酸盐矿物,结构式为 $Al_2[Si_4O_{10}](OH)_2$,理论化学成分为三氧化二铝28.3%、二氧化硅66.7%、水5%。

2.青田石矿物成分比较简单,各矿区的青田石矿物成分有所差异:封门石主要矿物组成为叶蜡石或伊利石,次要矿物为刚玉、蓝线石、红柱石、石英、黄铁矿、硬水铝石等;旦洪石主要矿物组成为叶蜡石,次要矿物为石英;尧士石主要矿物组成为叶蜡石,次要矿物为绢云母、叶绿泥石、高岭石、刚玉、黄铁矿和红柱石等;白垩石矿物组成为迪开石和叶蜡石混合型,以迪开石为主,次要矿物为叶绿泥石;塘古石主要矿物组成为叶蜡石,次要矿物为绢云母;周村石主要矿物组成为伊利石或叶蜡石,次要矿物为黄铁矿、石英等;山炮石主要矿物

青田石封门青黄金条随形印章原石
(黄蜡玉石)

组成为绢云母；北山石的主要矿物组成为迪开石。

3.叶蜡石晶体主要为单斜晶系，通常为片状、放射状集合体，带珍珠状晕彩或为隐晶质鳞片状致密块体，一般为白色，微带浅黄色或淡绿色、条痕白色，从玻璃光泽、珍珠光泽、蜡状光泽到无光泽、性柔，具滑腻感，密度$2.75g/cm^3$~$2.90g/cm^3$，摩氏硬度1.5~2.0。解理面上有珍珠光泽。耐火度1630℃~1730℃，白度7%~94%，两者一般与氧化铝含量成正比。

有时候，由于条件局限等原因，用化学或物理方法鉴别难以实施，主要靠实践经验来鉴别。首先，鉴别青田石材质上的区分很重要。有的用树脂或塑料仿做的，有的用石粉黏合，或塑模而成。这样的仿青田石放在手上有轻飘感，用小刀、钢针、钥匙划一下，很容易辨别。并且，这些仿品完全没有石感，用刀刻也没有石屑粉。质地的鉴定很重要，质地是指青田石的石质，其质地细腻程度、颜色、透明度、光泽度和硬度等都有区别特征。青田石的颜色有单色亦有多色共生，仿造的

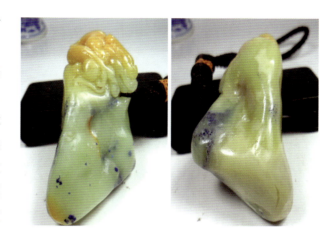

青田石封门青蓝星冻手玩把件

青田石摆件《梅壶龙蛋冻石》（石之韵）

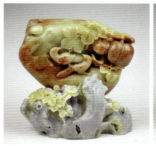

青田石摆件青田白垟石（上部）《南瓜》（石之韵）

青田石色泽不自然且不具蜡状光泽。蜡状光泽是青田石的代表性光泽，其光泽强弱则是鉴定质地优劣的重要标准之一。好的青田石硬度通常在 2 度左右，2 度~3 度者为佳品。仿青田石往往硬度比较大，密度比较小。有专家根据实践经验总结出了鉴别青田石的一些方法，在实际应用中非常有用，归纳起来就是"摸、刻、看、辨"四个字。

摸：就是用手触摸石质表面来感知青田石的温润、冷热、轻重等。青田石的石质与其他彩石和仿品的材质不同，置于手中的感觉也有所不同，不同青田石种类的触摸感觉也有差异。这需要长期实践，多看多摸才有可能掌握摸石的方法。一般来说，天然石感冰冷，假石易暖。有经验的行家对青田石的石性或温或寒，或细或粗，或柔或坚，或密或松，或绵或脆一摸即可得知。还可用手指弹之，天然石音沉，假石声脆。

刻：就是用小刀、针等器物对青田石进行刻画，目的是测试青田石的硬度和石性。不同品种的青田石硬度不同，不同彩石的硬度与青田石也有差异，青田石中杂质的多少、石性的黏性脆性、开采的深浅度等都会影响其硬度。人们对青田石硬度的测试很重视。硬度测试不仅能了解青田石的品种类型和好坏，还能作为区分青田石与其他彩石，区分青田石与仿品的鉴别标志。一般来说，真石能刻出石粉，而刻塑料制品，刀下可见卷曲的细丝。

看：就是用眼观察鉴别青田石外观，这也是一种感觉，观看青田石外表的石质、颜色、纹理、绺裂等要素，不仅可以了解青田石质量的高低，也能区分与青田石相似的其他彩石和仿品。观察冻石，要看质地的细润、通透程度等等。观察青田石仿品要注意其结构构造、纹理

青田封门石摆件《菊花》(艺海石屋)

色彩等。将石章逆对强光观察,天然石章边缘有透明感至厚实处影调变化自然,假石章为增加重量,在章体内埋有铁条,隐约可见。

辨:就是分辨青田石与其他彩石的不同,确定辨别青田石品种的好坏和真伪。青田石本身就有很大的差异性,但也能发现一些规律。需要不断积累经验,才能辨别出好与坏,真与假。对于青田石品种不仅辨别出其品种类别,还要尽可能辨别出是哪个矿区产出,这样就可以了解其质量和收藏价值。经验告诉我们,如果观察青田石外表发现,质地、结构、构造、颜色等方面出现一点点令人怀疑的地方,就要否决它,尤其是高档品种。

一般来说,选购青田石要仔细摸料,要求青田石密度适当、结构紧密、纹理自然、颜色鲜艳不呆板且过渡自然。石色则以单一纯色为贵,巧色、花色则次之。石质方面应避免裂纹,青田石出矿后常有自然风化炸裂现象,尤其是冻石类。

青田封门蓝星薄意雕印章(文墨堂)

青田蓝星(文墨堂)

青田石毛料和成品中的杂质和裂纹是主要毛病,它直接影响青田石的美观和价值。石英粒(俗称"石钉")、黄铁矿(呈云雾状、浸染状)(俗称金星)、蓝星、红星和一些火山岩细粒等均为硬性杂质。冻石细脉和部分火山岩细粒为软性杂质。裂纹也有区分,同生裂纹内常填充叶蜡石、黄铁矿等矿物,这种裂纹对青田石整体档次与价值影响不大。后生裂纹对青田石价值有很大影响。

（二）青田石与相似玉石的鉴别

1.青田石与寿山石的鉴别

寿山石的主要组成矿物为迪开石、叶蜡石、高岭石、伊利石和珍珠陶石；次要矿物有石英、黄铁矿、硬水铝石、红柱石、绿帘石和绢云母等。寿山石中的叶蜡石常见含有大量的硬水铝石次要矿物，与青田石矿物组成有较大差异。青田石则主要以叶蜡石等矿物为主，次要矿物有迪开石、绢云母、石英、高岭石等，另外，还含一些铁质矿物，如赤铁矿、褐铁矿等。青田石与寿山石的部分品种有些相似，诸如黄金耀、金玉冻、封门黄及各种冻石、彩石等，与寿山石的一些品种相似。寿山田黄石、冻石质地显得更清透和晶亮，光泽和质感更

各种寿山田黄石　　　　　　　　　寿山朱砂石

寿山艾叶绿和月尾绿石

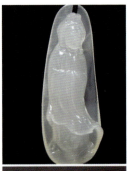

寿山牛角冻石

接近水晶与琉璃的感觉，色彩也更鲜艳和丰富，更具秀雅灵性和清纯。而青田石则质地更细腻密实，显得更凝润和富有磁性。青田石多为山坑石，即矿山开采出来的矿石。寿山石品种有田坑、水坑、山坑、旗山、月洋五大类，共近200个品种。寿山田坑石以田黄为代表，在"四大名石"中为至尊极品。

2.青田石与巴林石的鉴别

巴林石有巴林鸡血石，一般来说巴林鸡血石的血多成絮状，巴林石的地子更加细润，巴林鸡血冻石也常见。青田没有鸡血石，朱砂石颜色也偏暗。

巴林冻石的许多名称与青田冻石相同或相近。如黄冻、金玉冻、玛瑙冻、鱼子冻、红花冻、灯火冻、瓷白、桃花冻等，反映出巴林石与青田冻石品相有一定的相近性。巴林石地子更加

寿山晶冻

巴林石朱砂冻方章及佛

巴林福黄石

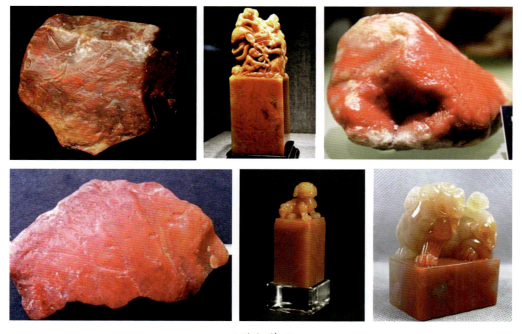

巴林红花石

巴林牛角冻

嫩润,青田地子蜡性更强些。

3.青田石与昌化石的鉴别

青田石的矿物组成与昌化石有较大差别。青田石矿物组成以叶蜡石为主,以叶蜡石为主的青田石约占青田石品种总数的 70% 以上，昌化鸡血石矿物组成以迪开石(高岭石族矿物)为主。青田石中尚未发现含有辰砂。青田石中的叶蜡石较少含有硬水铝石。其颜色以青、黄、绿、紫相间为主,这与昌化石有所不同,昌化石的色彩较单调。同块青田石其色调为渐变关系。青田石中的蓝星、灯光冻、山炮绿等品种显现蓝、黑白、浅黄、青绿色的色调。

黄金耀为深橙黄色,是质地好的青田石品种。黄金耀、金玉冻、封门黄与昌化田黄石、昌化黄冻石、昌化黄彩石有些相似，但它们之间还是有区别的。昌化田黄石是次生掘性独石,昌化黄冻石质

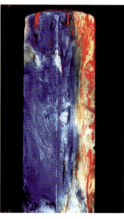

昌化蓝星和蓝星鸡血石印章(爱日堂)

昌化绿

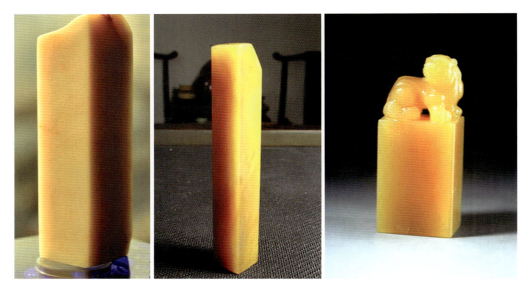

昌化黄冻石与青田黄金耀相似

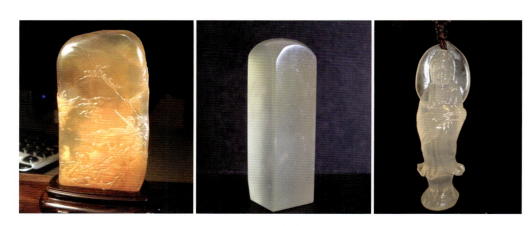

昌化玻璃冻

地更加通透。从显微镜下观察青田石常见白色、灰绿色的绢云母、绿泥石,呈絮状、云烟状分布;还常见褐红、黑、黄褐色色带呈不均匀状分布;还含有星点或脉状分布的黄铁矿、褐铁矿杂质。青田石密度值在$2.75g/cm^3$~$2.85g/cm^3$左右,比昌化石高些。青田石中叶蜡石成分多,显蜡状光泽,雕刻时石粉末滑感较强。

　　青田石的蓝、绿色调比较多,如封门青、蓝星、紫罗兰、蓝钉、南光青、夹青冻、兰花清、麦青等石种都是偏冷绿与蓝色调，质地清爽温润。昌化石少有蓝绿色泽。青田石石质稍硬，有的可达到3度以上，不太好雕刻。青田石彩石较多，不够透明晶莹，通透灵秀的冻石少见。青田石块体较大，所以雕刻的大件作品较多。

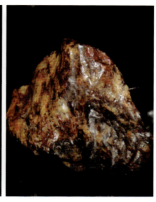

昌化朱砂冻

总之，青田石的透明度普遍低于昌化石，因为青田石以叶蜡石为主，与其矿物组成差异、次要矿物较多、含铁量较多都有一定关系。

4.青田石与滑石的鉴别

滑石是热液蚀变矿物，富镁矿物经热液蚀变常变为滑石，是一种常见的硅酸盐矿物，它的硬度很小，并且具有明显滑腻的手感。在矿物的摩氏硬度中，最软的矿物就是滑石。柔软的滑石可以代替粉笔画出白色的痕迹。纯净的滑石，颜色为白色、灰白色，并且会因含有其他杂质而带各种颜色。

滑石为单斜板状鳞片状集合体。滑石光泽多呈油脂光泽或珍珠光泽，而青田石则显蜡状光泽。滑石结晶颗粒较粗，为细粒或粗粒结构，而青田石均为隐晶质，显微镜下难见结晶颗粒。再者，滑石中含有少量呈条带状、脉状、块状分布的白色矿物。滑石密度低于青田石密度，相对硬度也低于青田石硬度。硬度低是滑石的典型特征。在紫外线下滑石有微弱白色荧光，青田石则没有。滑石有明显滑感，很容易与青田石区别开。

滑石摆件

斜绿泥石和染色斜绿泥石

5.青田石与斜绿泥石的鉴别

斜绿泥石是一种新开发的可用于雕刻的石材,属绿泥石亚族矿物的变种斜绿泥石,一些斜绿泥石其外观特征与部分青田石有些相似。斜绿泥石属于单斜晶系,集合体多成块状,颜色有无色、浅黄色、黄色、褐黄色、灰绿色、浅绿色、深绿色,并受所含的铁元素影响极大,随含量增加而加深。一般为浅黄色、黄色、褐黄色及灰绿色。斜绿泥石显蜡状光泽和油脂光泽,质地从不透明至半透明,硬度为 2~2.5,密度为 2.6g/m³~2.8g/m³,折射率为 1.57~1.59(点测法)。斜绿泥石与青田石的区别:一是斜绿泥石透明度通常好于青田石,但质地却不及青田石细腻,且表面缺乏油润感;二是在显微镜下斜绿泥石的组成矿物呈片状及鳞片状集合体,其粒度也较粗大。利用浸油法观察斜绿泥石为负延性,干涉色为一级灰白到一级黄。

6.青田石与青海冻石的鉴别

青海冻石是产于青海西宁盆地的一种石膏晶体,外观与一些青田冻石相似,易于混

青海冻石摆件《布袋和尚》和纽章

淆。青海冻石矿物成分主要是它形细粒状石膏，占 99% 左右，粒径一般为 0.064 毫米~0.162 毫米。质地微透明到半透明，硬度 2 左右，但性较脆。青田石成分主要为叶蜡石，韧性较好，不含石膏。

青海冻石细分有水晶冻、雪花冻、红花冻、茶冻、黄冻和绿冻。常见雪花冻、红花冻和黄冻，而绿冻少见。石料中有纹、带、条、点和球等多种花纹，并组合成云彩状、波纹状、斑纹状、脑纹状纹理，这与青田石内部图纹有明显不同。青海冻石主要产于泥质岩石中，多为不大于 0.5 米的结核状或叠锥状。青海冻石有弱水溶性，在高温下会失水开裂。

青田石与青海冻石还有一些明显不同的区别。青田石质地较坚硬，有一定韧性度；石质呈半透明，手感光滑；其密度较大，手掂有重感。后者质地松疏，色泽发暗，质地多半透明，内部常见白色棉絮状纹理和烟色絮状纹；手感较粗糙；其密度较小，手掂发轻；青海冻石刀感涩滞。

7.青田石与吉林长白石的鉴别

长白石产自长白县马鹿沟。长白石分为迪开石和高岭石两大类。迪开石类是冻石，颜色俊俏，花纹奇特而美丽，是目前仅有的一类品种，比较珍贵，其中偶有透明的晶石，多呈灰蓝色，但质材较小，一侧偶有小米粒大小的铝质结晶沉积分布。无花纹者莹润细腻，颜色纯正。高岭石类是彩色印石，花色繁多，纹理多样，构成了长白石众多的品种。长白石呈白、绿、灰绿、黄绿、黄、橘黄、青、蓝、灰蓝、深褐、褐、红、紫红等色，显玻璃光泽，微透明至半透明，及少数透明。硬度为 2~2.5，断口贝壳状，密度为 2.00g/cm³~2.80 g/cm³。质地致密、细腻、坚韧、光洁。青田石质地更加细润，硬度略高。

研究认为，远古时期，在长白山火山喷发后的熔岩及炽热的岩浆进入水盆地后，水温升高，促进沉积物分解，交代成矿。形成的长白石各色混生，纹饰秀丽，有卷纹、流纹、龟纹、蟒纹、流霞纹等。质地纯净、透明度高的石种称"冻石"，它们品种较多。长白石中局部遭受硅化变硬或含石英者就构成石质中的"石钉"，含有金属矿物者就构成"铁钉"，而局部遭受绿泥石化、绢云母化、高岭石化者可能导致长白石质地变软。所有这些现象都有可能损害长白石的质量。

按色泽、透明度、质地等方面的差异，可以将长白石分为两类：一是长白印石，即指光泽较弱、透明度较差、质地致密坚韧的普通长白石；二是长白冻石，即指光泽强、透明度高、质地致密细腻坚韧光洁、外观似"肉冻"状的长白石。长白石品种已逾百种，透明晶石和半透明冻石居多，其名贵品种有白墨、长白绿冻、长白灯光冻、长白蓝、地图石、翡翠花斑、高粱红等，还有罕见的蓝天冻、白芙蓉、艾叶绿、虎皮冻等珍贵品种。长白石俏色分明，色彩对比强烈，是印章和雕刻的上好石料，也用来雕制工艺品。

8.青田石与广绿石的鉴别

广绿石又称广东绿、广宁玉，分布于肇庆广宁一带。广绿石属于硅酸盐单矿物岩类玉石中的云母集合体。其矿物成分与青田石完全不同，青田石质地更加通透细腻一些。广绿石与青田山炮绿有些相似，但山炮绿以绢云母为主，外观更加细腻鲜艳。山炮绿质地上多分布有疏密不一的小白点，这是其典型特征。

广绿石摆件《弥勒佛》和方章

青田山炮绿（冻地）

广绿石除含水白云母外，还含少量的磷灰石、金红石、白钛石等，因此呈现出丰富的色彩。广绿石微透明至半透明，硬度2.5~3。广绿石质地呈致密块状，小刀可以刻动，具有蜡状光泽、珍珠光泽和丝绢光泽。广绿石品种繁多，质地细腻，温润如玉，色泽丰富多彩。广绿石以巧雕艺术最为突出，人们充分利用石材多彩的特性，因石施艺，把天然美与艺术美完美结合，具有极高的欣赏价值与收藏价值。广绿石颜色有灰白色、牛角色、淡绿色、墨绿色、翠绿色（称碧绿）、白中带绿（称林积雪）、黄中带绿（称黄玫瑰）、黄中带红（称秋景）、绿中带金黄金点（称绿海金星）、白中夹有绿色茶纹（称碧海云天），等等。一些牛角色广绿石呈微透明，质地似"冻"，又称"广宁冻"，其中以翠绿、绿海金星、白中带绿、黄中带绿十分罕见，也最为名贵，为石中之瑰宝。

9.青田石与辽宁绿冻石的鉴别

绿冻石主要分布于辽宁岫岩境内，这里的绿冻石外观与部分青田绿冻石相似，但其矿物成分却完全不同，绿冻石属（单斜晶系）绿泥石滑石岩，硬度为2.5度。常见淡绿、碧绿、墨绿等色，呈半透明至全透

辽宁菜花冻印章

明，石表面隐有灰白色花纹和黑点。石质纯净细腻，光泽强，但多为层片状结构，绺性较强，石性韧。少数细润、结密、颜色均匀干净者是佳品，多雕刻印章及工艺品。青田山炮绿质地更加细腻，常在绿色质地上散布无数的白色麻点，韧性度更高，比较好区分。

10.青田石与丹东冻石的鉴别

丹东冻石产于丹东五龙，其硬度在2左右，比青田石稍低一些，刀感虽不像其他印石那般细腻和爽润，但其不崩不脆的石性也颇受篆刻家的喜爱。丹东冻石黄多绿少，黄的有些偏藕色，石料质地中有细麻黑钉和浅点色絮，这种材料块头大，晶透色纯。一些知

丹东绿冻石

名雕刻大家也用这种石头。丹东石上品非常干净清透,没有或很少有杂点,颜色也更偏黄或更红润一些,名家用料大多用上品石头,所以售价也不低。一组规格较大、材质黄润的雕纽章,也要几十万元。普通的丹东石通体为芙蓉色,色彩单纯无任何变化。地子很透,晶体状和水味十足。但在石体内有无数很细微的杂色小点,影响了质地的纯净,因此这种丹东石价格不高。丹东绿冻石质地紧密,一般不裂,常雕成苦瓜,色泽鲜艳,手感滑快。青田石品种比较多,有各种冻石、彩石等,而丹东石种类单一。青田石质地更加细腻温润,易上刀。

另外,市场上还出现一些其他印石,如四川绿和西安绿,形似翡翠,通体翠绿,石质细腻,晶莹似玉,光泽璀璨,质地很好,这两种绿冻石是冻石新品。还有云南绿冻、河南黄冻石、浙江仙居石和晋云黄冻石、甘肃彩冻石、江西上饶三彩石、内蒙古兰花石等都与青田石的一些品种近似,但它们与"四大名石"的材质有差距。即使个别石头的质量不

雅安绿冻石

西安绿冻石

云南绿透冻　　　　　　　　　　　浙江红花冻纽章

错,但其色彩单一和产量有限,很难媲美"四大名石"。

近几年,一些国外彩石进入国内,例如老挝的彩石,品种丰富,质量也不错,印尼的金田黄也引人注目。还有印度石、意大利石等等。专家介绍说,老挝石大量进入国内,逐渐成为人们认同的彩石品种。老挝石的性价比很高,色彩艳丽、质地细腻得到广泛认同。

但是部分老挝石会褪色或变色,使得原本的晶冻质地变得浑浊,从而大大影响观感。人们常将其放入水中以保存原状,出水后又会出现褪色现象。行家建议,如果要买老挝石,还是买抹油的,这会让石质比较稳定些。老挝石颜色变化主要是其透明度低。挑选老挝石应该选择少纹路、斑点的冻地石质,即便发生变色,其总体上仍然协调一致。也有不变色的老挝石。有行家雕刻过老挝

《一帆风顺》雕件,上部印度红花石,下部青田石(石之韵)

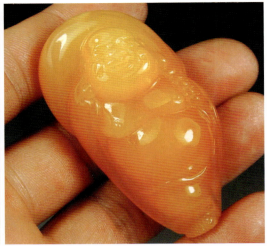

老挝巧色金冻石印《章福在眼前》　　　　　　　天然印尼金田黄

石,认为刀感没有国内彩石的那种细腻刀感,有些发粉,里面有桃花的部分,过刀微微能感觉到颗粒感,但也算细腻。老挝石的优点是不容易出裂,色彩丰富鲜艳,品种多样,包含流水纹、萝卜丝、蜂窝、俏色及各种图案。还有,老挝石的料子大,其刀感也细腻,篆刻雕刻很舒服,极少沙丁虫孔等石病。其价格低廉,真是便宜的漂亮印石。

(三)其他相似品的鉴别

除了上述与青田石外观相近的天然石料外,还有用人造塑料、树脂、石粉黏合材料冒充青田石的。青田石的高档品种封门青较为名贵,故市场上常见假品或伪品。封门青主要作伪手法有拼贴法和模压法,还常见用半透明至近于透明的各色塑料来仿青田石冻石,用多彩的塑料品来冒充普通青田彩石。青田石仿品的鉴别特征主要有以下几点:

1.人工仿制的青田石石色比天然品浓厚,且分布十分均匀,不自然,内外完全一致。而普通青田石颜色多不均匀,有深浅浓淡变化。人工仿制的青田石有或多或少的搅动构造。

2.塑料仿制赝品通常可见内部气泡,或表面呈半球状凹坑。仿青田石没有结构变化,没有石纹等构造显现,透明度均匀一致。

3.仿青田石赝品用小刀刮,起毛刺,用小刀削,呈片状卷曲。而天然青田石,用小刀刮呈粉末状脱落。

4.仿青田石赝品的密度多较低。

5.仿青田石赝品加热时,若样品软化、变形、熔融甚至烧焦,说明是塑料仿品。另外,用热针触及样品,若软化和冒白烟,则是塑料仿品。用打火机火苗燃烤即发出特殊气味,肯定为假品。

6.合成有机树脂、塑料等仿制的青田石赝品在紫外线照射下会发出很强的荧光。石粉黏合材料手掂发轻,仔细观察有石表粘连的细微痕迹。

二、青田石的养护

青田石质地细润、晶莹剔透、色彩斑斓、图纹秀美,很是讨人喜欢。但是青田石硬度较低,结构略显疏松,有的新开出的青田石养护不好还会脆裂。青田石不同于一般硬度大于4度的一些玉石或观赏石,养护不好很容易对青田石造成损伤。石雕收藏品的日常养护应尤其注重避晒、避风、避尘,青田石雕件、把件适宜反复摩挲,愈久则愈光愈妙。

一般来说,青田石各种雕件磨光后抹上白茶树油就可以,然后再用塑料薄膜裹好,放在锦盒中保存起来,也可以直接浸泡在白茶树油瓶中养护。通过油的养护青田石吸透油质,显得更加晶莹明净。包一层塑料薄膜不仅减少油的挥发,也免得油沾染锦盒的绒布。上蜡是为了让石料与空气隔离开,可预防空气对青田石的侵蚀。

蜡封也是一种保护青田石的方法。一般用吹风机先把青田石表面吹热,直接将蜡涂在青田石四周就行(白蜡最好),等到冷却后再用软棉布将青田石表面擦亮就可以。如用电炉加热要控制好温度,蜡能在石表熔化就可以上蜡了,温度太高对青田石有影响。这是所谓的青田石新品的去燥程序,可以避免青田石雕件新品突然干燥起裂。

一定要在陈列青田石雕件的展柜里放上几

上白油保养青田石雕

上蜡过程（吹风
机慢慢烘烤石头
表面；将蜡涂抹
在温热的石头表
面；用刷子将热
蜡抹匀；用绸布
抹光石头表面）

杯水，以确保空气湿润。灯光不能长期直射青田石表面，否则青田石可能干裂。青田石陈列时间长了，容易沾染灰尘，可经常用细软绸布或绒布轻轻擦抹干净，然后用油轻轻刷一遍即可恢复原来光彩。保养青田石还有一个好的方法，就是对青田石雕件进行把玩，经常摩挲把玩，摩挲产生的油汗可以使其变得老熟通透，变得更加绚丽可爱。但是要注意的是已经上蜡的青田石最好不要再抹油，否则抹油后的青田石颜色会泛黄变暗。

　　需要特别提醒的是，部分青田石品种容易产生脆裂现象，尤其是在水性切磨、抛光或太阳暴晒后，因此青田石品的保养非常重要。

主要参考文献

潘建强.叶蜡石矿床与板块构造[J].浙江地质,1992年1期.

董传万.浙江青田地区火山—侵入杂岩的地球化学特征及其板块构造背景[J].浙江大学学报,1994年9月5期.

陈涛.浙江青田石的宝石学研究[J].宝石和宝石学杂志,2001年9月3期.

陈涛.浙江青田石几个新品种的矿物学特征初步研究[J].岩石矿物学杂志,2004年6月2期.

叶泽富.浙江青田石勘查与评价方法探讨[J].中国非金属矿工业导刊,2009年1期.

朱选民.青田石品种的分类及其鉴别特征研究[J].宝石和宝石学杂志,2010年12月4期.

业冬.青田石的矿物组成特征研究[J].岩石矿物学杂志,2010年3月2期.

刘海徽.青田石山炮绿品种的颜色及结构成因分析[D].北京:中国地质大学,2010年.

朱选民.青田石、寿山石、昌化石和巴林石产地特征初步比较研究[J].矿产与地质,2011年1期.

朱选民.青田石"灯光冻"品种的宝石矿物学特征及其成因[J].宝石和宝石学杂志,2011年3月1期.

邢万里.几种具有代表性青田石的矿物学特征初探[J].宝石和宝石学杂志,2011年12月4期.

陈延芳.浙江青田石的岩石学特征及成因[J].现代地质,2011年第3期.

陈延芳.青田石的宝石学特征与矿物组成[J].岩石矿物学杂志(第30卷增刊),2011年8月.

商亮节.青田石中若干冻石的矿物学特征研究[D].杭州:浙江大学,2013年.

王蕾.青田石主要品种的宝石学特征研究[M].甘肃地质,2014年7月.

夏法起.青田石雕志[M].香港:香港书谱出版社,1990.

周百琦、张澄之.青田石雕技法[M].浙江:浙江科学技术出版社,1994年5月.

夏法起.青田石全书[M].上海:上海书店出版社,1997年7月.

中国宝玉石协会.中国国石[P].北京:地质出版社,2003.

谢天宇.中国奇石美石收藏与鉴赏全书[M].天津:天津古籍出版社,2005年4月.

郑伟.青田石鉴赏与投资[M].海南:海南摄影艺术出版社,2010年1月.

董洪全.青田石鉴赏新编[M].湖南:湖南美术出版社,2011年2月.

刘道荣、孙倩.寿山石收藏入门百科[M].北京:化学工业出版社,2013年3月.

刘道荣、何平.巴林石收藏入门百科[M].北京:化学工业出版社,2014年6月.

鉴石天下编委会.行家这样鉴赏青田石[M].山东:青岛出版社,2015年5月.